U0924552

玩出智慧

游戏化学习的奥秘

蒋 宇 著

清华大学出版社
北京交通大学出版社
·北京·

内 容 简 介

本书抓住互联网广泛普及中游戏已成为很多人的一种生活方式的时代特征，以游戏在知识学习、能力训练、高阶思维养成方面的影响为主要内容展开，分析和探讨了游戏对于21 世纪学生在学习领域的重要价值和作用方式。作为一本专门探讨游戏与学习的书，本书力图以生动的故事、严谨的研究案例、通俗的语言来描绘游戏化学习的前景和魅力，适合各级各类学校教师、教育研究者、高校学生、网络教育和在线教育从业者阅读，也适合纠结于孩子玩不玩游戏的家长阅读。

本书封面贴有清华大学出版社防伪标签，无标签者不得销售。
版权所有，侵权必究。侵权举报电话：010-62782989　13501256678　13801310933

图书在版编目（CIP）数据

玩出智慧：游戏化学习的奥秘 / 蒋宇著. —北京：北京交通大学出版社：清华大学出版社，2019.10

ISBN 978-7-5121-4042-4

Ⅰ. ① 玩…　Ⅱ. ① 蒋…　Ⅲ. ① 智力游戏–研究　Ⅳ. ① G898.2

中国版本图书馆 CIP 数据核字（2019）第 186124 号

玩出智慧——游戏化学习的奥秘
WANCHU ZHIHUI——YOUXIHUA XUEXI DE AOMI

责任编辑：曾　华
出版发行：清 华 大 学 出 版 社　邮编：100084　电话：010-62776969　http://www.tup.com.cn
　　　　　北京交通大学出版社　邮编：100044　电话：010-51686414　http://www.bjtup.com.cn
印 刷 者：艺堂印刷（天津）有限公司
经　　销：全国新华书店
开　　本：170 mm×240 mm　　印张：15.5　　字数：304 千字
版　　次：2019 年 10 月第 1 版　　2019 年 10 月第 1 次印刷
书　　号：ISBN 978-7-5121-4042-4/G・1899
定　　价：68.00 元

本书如有质量问题，请向北京交通大学出版社质监组反映。
投诉电话：010-51686043，51686008；传真：010-62225406；E-mail：press@bjtu.edu.cn。

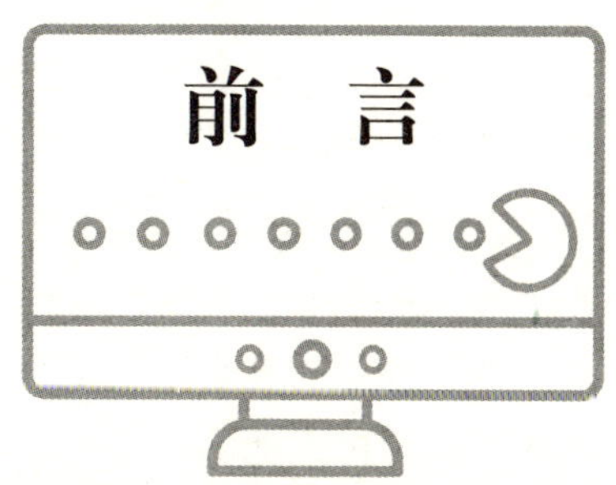

前言

当你翻开这本书时，你将看到的是游戏之于学习的巨大潜力和无穷魅力。

种种数据告诉我们，游戏已经成为人们的主要娱乐方式；生活经验提醒我们，身边找不到一个不玩“游戏”的人。

游戏作为最廉价、最安全、最可靠的精神愉悦来源，正在改变着世间的一切：重塑人际关系，让我们在已经“支离破碎”的现实中看到重建美好生活的希望……

游戏之于学习并不是一个新的话题。在漫长的人类历史发展过程中，游戏为人类的生存训练与文化传承做出了重大贡献。古代的军事训练、山水之游、琴艺礼乐都与游戏紧密相关，古代的学校也是人们游戏的场所。今天的运动赛事、虚拟现实、互动社交无不显现出游戏的精神，今天的学校也开始拥抱并采纳游戏。

在信息时代，学生的生活也发生了巨大的变化，他们相伴游戏而生，他们的学习面临着不得不与游戏融合的现实。

面对游戏化的“数字土著”，世界各国已经开始行动：多个专门的国际性学术会议对游戏进行了讨论，试图推动游戏化学习（game-based learning）的发展；许多高校、科研机构的学者开始对游戏展开相关研究；许多企业开发了大量教育游戏产品……

而在我国，教育部在关于基础教育优质资源的征集活动中，将教育游戏列入资源征集范围。

人们对游戏的认识越来越深入，游戏的动机、游戏的机制、游戏的精神在教育中不乏亮相的机会。

鉴于上述认识与把握，本书分为三篇十章。

认识篇共有三章，主要介绍一些与学习有关的游戏基础知识。第一章“游戏无处不在的时代”描述了俯拾皆是的“游戏”现象，介绍了游戏的定义和特征，揭示了游戏与人类文明共同的历史，告知人们，今天，游戏正在改变着一切；第二章“人为什么玩游戏”解释了游戏动机的问题；第三章“游戏与学习”介绍了游戏之于学习的价值，以及面对信息时代学生的变化，教育不得不游戏化的现实。

应用篇共有四章，主要介绍游戏在学习知识、培养高阶能力方面的作用，并列举了一些实例。第四章“游戏与知识”主要介绍了游戏作为一种知识重组的形式，如何让知识的学习不仅仅是知道，更是一个感受丰富的体验过程；第五章“游戏与探究”主要介绍了游戏用于培养解决问题能力的实例；第六章“游戏与领导力”主要针对领导力的锻炼，介绍了游戏提供了培养领导力的空间；第七章“游戏与创造力”从创造力缺乏谈起，揭示了游戏之于创造力的作用机制和优势。这四章具体反映了游戏在学习知识、培养能力方面的重大潜力。

实践篇共有三章，面向学校、家庭和企业三类人员，介绍了游戏在学校教育、亲子互动和企业营销、培训等方面的作用。第八章“游戏进学校”从不同的层次介绍了游戏在正规教育中的应用；第九章“和孩子一起出发”介绍了亲子游戏的方法及应注意的问题；第十章“游戏化：新的生产力”揭示了游戏化的生产力，以及游戏在企业营销、培训等方面的作用。

本书尽量通过一些案例与故事情境进行理论剖析或例证，将理论论述与生活常识、故事情境相结合，力图理论中有故事，故事中有理论，让读者阅读起来感到轻松有趣。

本书既适合教育游戏研究者阅读，也适合对游戏感兴趣的教师、家长和企业人士阅读，还适合对信息时代教育变革感兴趣的人士阅读。

本书从策划、构思到撰写，得到了北京大学教育学院等单位及我的恩师尚俊杰副院长等专家的大力支持与帮助，在此表示真挚的感谢！

限于学识与水平，书中存在的不足或纰漏，敬请读者不吝赐教！

作　者

2019 年 9 月

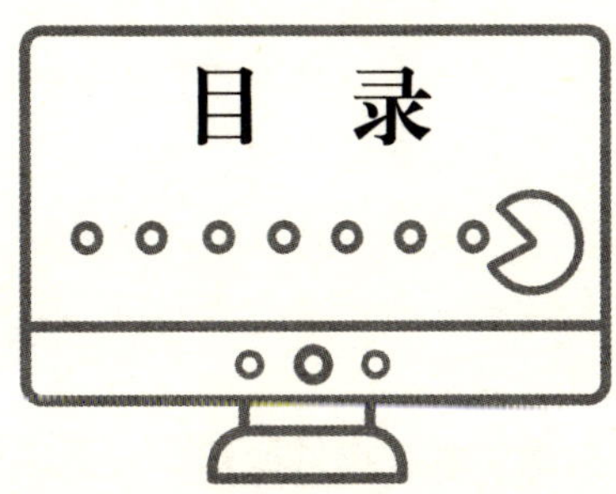

认识篇

应用篇

实践篇

认识篇

只有当人充分是人的时候，他才游戏。
只有当人游戏的时候，他才完全是人。

——席勒

第一章 游戏无处不在的时代

蒸汽机让人们从工场手工业时代走向了工业时代，历经电气化的发明及发展，工业时代蔓延两百余年。电子计算机的诞生将人类从工业时代带入了信息时代。每一次时代的变迁都是由科学技术的发展决定的。科学技术解放了人的体力，逐步向解放人的“脑力”迈进。

尽管科学技术在发展，但人类在物质富足基础上对精神自由的追求并没有变，游戏这种活动为实现这种追求贡献了不可或缺的力量。如今，人们正处在一个游戏无处不在的时代。

一、找找你在哪里

1997 年，国家主管部门研究决定由 CNNIC（中国互联网络信息中心）组织有关互联网单位共同开展互联网行业发展状况调查。

CNNIC 每年于年初和年中各发布一次报告，自 1997 年至 2018 年，已经发布全国互联网发展统计报告 42 次。

互联网已经成为影响我国经济社会发展、改变人民生活形态的关键行业，CNNIC 的历次报告则见证了中国互联网从起步到腾飞的全部历程。

2019 年 2 月 28 日，CNNIC 发布了第 43 次统计报告。第 43 次统计报告数据显示，截至 2018 年 12 月，我国网民规模达 8.29 亿，普及率达 59.6%，较 2017 年底提升 3.8 个百分点，全年新增网民 5 653 万。我国手机网民规模达 8.17 亿，网民通过手机接入互联网的比例高达 98.6%①。网络视频、网络音乐、网络游戏等互联网娱乐已经进入规范发展轨道。网络游戏作为互联网娱乐性应用的代表，已经成为大多数网民日常生活中不可或缺的重要组成部分。

无论是过去，现在，抑或将来，你或许都可以从如下的几个情景中找到你自己。

或许你是一个朝九晚五的上班族，在回家的公交车或地铁上，拿起手机，争分夺秒地登录《王者荣耀》，与素不相识的队友玩上一局，抑或登录《梦幻西游》《大航海时代》等大型多人在线游戏，做任务，赚经验，规划和协调战斗。

或许你是一名大学生，在不上课的闲暇，在 BBS 的游戏板上发帖子，招募一群游友，约好到学校门口的茶吧，共同玩几局《三国杀》，或者围在一起《斗地主》。

---

① CNNIC. 第 43 次中国互联网发展状况统计报告[R/OL](2019－02－28)[2019－02－28]. http://www.cnnic.com.cn/hlwfzyj/hlwxzbg/hlwtjbg/201902/t20190228_70645.htm.

或许你是一名职业经理人，带领着团队奔走在完成任务的路上，在忙碌了一天之后，玩着《神经猫》，开着《模拟赛车》，放松自己紧绷的神经。

不管你是谁，游戏已经与你密不可分。你或许偶尔因玩游戏而下错站，你或许偶尔因玩游戏而忘记去陪女朋友吃饭，但是都不要紧，全世界有成千上万的人与你在一起。

每 10 个使用互联网的人中，就有 6 个人玩网络游戏。网络游戏是所有线上娱乐方式中最主要的一种，玩网络游戏的人数远远超过听网络音乐、看网络视频的人数。因此，当你在工作时打开《开心农场》去“偷菜”并不是一件可耻的事情，至少有成千上万的人和你一样。

据 CNNIC 发布的《2013 年度中国网民游戏行为调查研究报告》，从整体来看，网民中游戏用户主要集中在 10～39 岁，其中 20～29 岁用户占比最高。美国 ESA（娱乐软件协会）的调查显示，在美国玩游戏人的平均年龄是 32 岁。也就是说，游戏用户并不是集中在中小学学生群体中，而是集中在成人中。

美国有 1.83 亿活跃的游戏玩家。他们在调查报告中说，自己每周“固定”玩电脑和视频游戏的时间，平均达 13 小时。全球范围内，在线游戏社区，包括游戏机、计算机和手机上的玩家，俄罗斯有 1 000 万人，印度有 1.05 亿人，越南有 1 000 万人，墨西哥有 1 000 万人，澳大利亚有 1 500 万人，韩国有 1 700 万人①。

二、这是你生活的世界

2008 年 5 月 12 日 14 时 28 分，位于中国西部的四川省阿坝藏族羌族自治州汶川县发生里氏 8.0 级地震。地震造成 69 227 人遇难，374 643 人受伤，

① 麦戈尼格尔. 游戏改变世界：游戏化如何让现实变得更美好［M］. 闾佳，译. 杭州：浙江人民出版社，2013.

17 923 人失踪。这场地震，让成千上万的家庭无家可归，几百万人的家园瞬间被毁。无数人流离失所，无数人妻离子散。地震造成的直接经济损失约 8 452 亿元人民币。从 2009 年起，国家决定将每年 5 月 12 日定为全国防灾减灾日。

灾难发生后，中国的媒体第一时间赶到现场，从多方位报道救灾情况，尤其是挖掘那些感人的事迹。在那段时间，打开电视，满屏都是黑白的素颜，播音员、主持人、一线记者讲述着现场的故事，官方媒体定时向全世界人民播报救灾的进展。“众志成城”“四川加油”“中国挺住”等励志标语随处可见。地震现场的废墟、媒体的实时报道、民间朴素的同情心交织在一起，让全国上下老百姓沉浸在巨大的悲痛之中。

突然有一天，一篇“震后不眠夜——受灾民众心态平和打麻将过夜”的帖子在网上疯传，用两张照片展示了受灾民众离开住所，在住宅楼下打起麻将过夜的情景，让人忍俊不禁。甚至在天涯的帖子告诉人们，打麻将的时间就是地震当天（2008 年 5 月 12 日）下午，写帖子的网友在麻将桌上度过了余震不断的一夜。很多人评论，那时还能够打麻将，那些人胆子也太大了。一些人觉得这不可取，就连当事人都觉得“怕（影响）不太好”。也有评论说“川人天性乐观”“麻将才是和谐救灾的第一法宝”。在一片争论声中，大家看到的是一种在困苦环境中的乐观。在那时那景，麻将不是娱乐，更是一种精神乃至信念上的依托。谁都知道，在大难中，最重要的是稳住人心，人心稳，则事好办。毋庸置疑，麻将这种四川本地几乎人人会玩的游戏在震后救援中发挥了一定的积极作用。

麻将是中国人自己发明的一种棋牌类游戏。玩麻将原是皇家和王公贵族的专利。在相当长的一段时间内，麻将游戏只在极少数上层统治阶层人士中进行。即使是在民国时期，也只有少数上层人士才会玩起这种游戏。

随着科学技术的进步，人们的物质生活得到了极大的改善，人们的精神生活也在追求多样化，麻将逐步在老百姓中推广开来。

初期的麻将主要用竹子、骨头等制成，价格不菲，有钱有闲的家庭才消费得起；今天的麻将大都是用塑料制成的，通常一副麻将也就 100 元左右，普通家庭完全可以自行购买。

麻将是四人游戏，四人围着一张四方桌，一人占一方。牌式主要有“饼”（文钱）、“条”（索子）、“万”（万贯）等。

麻将的玩法复杂有趣。它的基本打法很简单，容易上手，但其中变化极多，搭配组合因人而异，因此在中国非常流行。不同地区的麻将游戏规则稍有不同，因而麻将出现了很多种打法。在麻将前面加上地名，就有了不同打法的简称，如长沙麻将、四川麻将、武汉麻将等。俗话说“十亿国人九亿麻，还有一亿在观察”，可见麻将在中国人中的普及程度。

今天的麻将已经成为很多中国人生活的一部分，下班闲暇时打上几圈，精神焕发。在家里，逢年过节，举家团聚，打几圈麻将，洋溢着节日的欢快。打麻将已成为一种普及的、健康的娱乐活动。

说到麻将，不得不说另一种普及程度与麻将相当的游戏——扑克。扑克（poker）有两个意思：一是指扑克牌，也叫纸牌（playing cards）；二是指用纸牌来玩的游戏，称为扑克游戏。

相传扑克牌也是中国人发明的。唐、宋时代，中国的古人发明了一种纸牌，既可游戏，也可赌博，称“叶子戏”。又有传说，大将军韩信为了使士兵减少乡愁，在军中发明了一种供娱乐用的纸牌，因其只有树叶大小，故称为“叶子戏”。

和初期麻将的“高端”材质相比，“叶子戏”的材质主要是纸质的，因此更容易得到传播，上自文人学士，下至平民百姓，均乐此不疲。大约在公元13世纪，这种纸牌游戏传到欧洲。经过一段时期，纸牌演变为卡片，逐渐成了今天的扑克牌①。

今天的一副扑克牌通常由54张卡片组成。卡片分4种花色，分别是黑桃、红桃、方块、梅花，共有52张，还有2张副牌——大王和小王。在54张牌中，红桃、方块、大王是红色的，黑桃、梅花、小王是黑色的。关于54张牌，历史上有很多种说法，“历法缩影说”便是其中的一种。这种说法认为，红色牌代表白昼，黑色牌代表黑夜；每一季13个星期与扑克每一花色的牌数正好是13张相同；13张牌的点数相加是364，再加上小王的一点，是365，与一般年份的天数相同；如果再加上大王的一点，那就正好是闰年的天数。扑克牌的K、Q、J等共有12张，既表示一年有12个月，又表示太阳在一年中经过12个星座。这种说法看上去挺有道理，在玩牌的时候，实际上是在玩历法。

① 李维刚. 扑克牌的故事［J］. 百科知识，2010（6）：60－64.

扑克牌有很多种玩法，2 人、3 人、4 人都可以玩，也可以超过 4 人玩，1 人玩也未尝不可。在中国，大众流行的玩法就有 61 种：单人娱乐玩法 27 种，双人对打玩法 7 种，多人对抗玩法 27 种。

扑克牌是世界上最普及的大众交流语言。几个素不相识的人聚到一起，尽管民族、肤色、语言、文化、交流方式各不相同，却可以毫无障碍地一起进行扑克游戏。许多世界级伟人、名人、政要都是扑克高手。邓小平同志就是一位著名的扑克高手，不论是在烽火硝烟的战争年代，还是在领导国家建设的日子里，甚至在“文革”中被下放劳动的岁月里，直到退休以后，小平同志在工作辛劳之余始终有扑克牌相伴。创建微软公司的比尔·盖茨只有两大爱好：一是钻研计算机技术，二是玩扑克[①]。

在中国中西部的一些乡村，由于缺乏一些运动设施和文化用品，儿童没有可玩的户外设施，刚学会识字时，就加入玩扑克的阵营中，在夏日炎热的下午，几个小伙伴坐在屋子里玩扑克牌，打升级、斗地主、接火车，不亦乐乎，不知不觉，时间就过去了。在树荫底下，也能看到围在一起“斗地主”的人。扑克和麻将这两种游戏基本上风靡整个中国农村地区。

当信息化革命来临时，麻将和扑克这两种普及率最高的游戏捷足先登，被多家游戏公司数字化，通过计算机、手机迅速传播。在全世界最大的中文游戏大厅——QQ 游戏大厅里，每天活跃在麻将和扑克场馆里的用户都在千万以上，远远超过其他任何一种游戏，在网络繁忙的时候，甚至常出现抢不到“位置”的场景。简单的规则、及时迅速的反馈及轻松的游戏氛围，吸引了众多游戏用户。在真实生活中找不到“对手”的时候，可以在网上玩，即玩即走，地铁上、公交车站、逛街闲暇、蹲坑时都可以自由玩乐。

畅想你走在大街上，或者坐在公交车上，肯定会看到这样的人：捧着一台平板电脑或者握着手机，频繁快速地用手指触碰屏幕，时不时发出“呵呵”的笑声或者“哎呀”的叹息声，在你瞥他的一瞬间，可能看到他皱眉或者翘嘴角的表情，那么你看到的这个人十有八九在玩游戏。扫视一下你的周围，这样的人肯定不在少数，或许你也是其中的一员。

---

① 李维刚. 扑克文化纵横谈：中国扑克馆开馆有感［J］. 文体用品与科技，2005（7）：44－47.

三、没错，就是游戏

到处都是玩游戏的人，甚至当灾难来临的时候也在玩，那游戏究竟是什么呢？

荷兰学者赫伊津哈（Huizinga，也有人译作胡伊青加）早在 20 世纪 40 年代就被公认为当时西方最伟大的文化学代表人物，他对游戏的研究系统而深入。他提出了“魔法圈”（magic circle）概念，认为人一旦玩游戏，就进入了那个“魔法圈”。“魔法圈”将参与者与外界暂时隔离。在“魔法圈”里，人会忘记现实的世界，注意力都放在了游戏上，觉得时间过得很快。“魔法圈”的边界可以是物理的（现实的），也可以是虚拟的，参与者需要接受的是游戏确实以某种方式真正存在①。

（一）游戏的分类

法国哲学家罗杰·凯洛伊斯（Roger Caillois）将人类的玩（play）分成以下两种。

1. 自由玩耍

自由玩耍就是没有规则地玩（spontaneous play，paidia），非常主动，不需要遵守什么规则。一个儿童拿着拿一个洋娃娃或是拿一个无敌铁金刚，在那边自己跟它玩，自己在动它的手，然后发出“呜呜呜”的声音，这叫作

① 韦巴赫，亨特. 游戏化思维：改变未来商业的新力量［M］. 周逵，王晓丹，译. 杭州：浙江人民出版社，2014.

spontaneous play。

还有一些情况，本来没什么规则，但是游戏者在玩的过程中创造出一些规则，实际上它还是没有规则，是自己想怎么玩就怎么玩。比如说，按自己的意图介绍嘉宾，用帘子当作舞台幕布之类的，也叫作 spontaneous play。

2. 游戏

游戏就是有规则地玩（organized play，ludus），就是有规范，有既定的界限，有规则要遵守。比如说，我邀请你玩一个游戏，你马上会问我，我们要怎么玩？每一个人都要遵守这个规则，才能够让这个游戏顺利地进行下去，如果没有一个共同遵守的规则，就不知道在玩什么，不知道谁赢谁输，或者是，不知道怎么样才叫作达成任务。所以，organized play 一定要有一个所谓的 organization，它有组织，有规则。

有规则的玩分成两大类。

1）竞争类

竞争类的玩，希腊字根叫作 agon，agon 就是 competition，意思是说竞技一定要有一个赢家一个输家。

在一样的规则下，会产生一方赢一方输的结果，像拳击、格斗、足球、棋艺等，一定要有一方获胜成为赢家，不管是获得的分数比较高，还是用的时间比较短。这个争输赢就是竞争。竞争主要包括身体竞争（physical contest）和智力竞争（intellectual contest）。

2）非竞争类

非竞争类的玩，分以下几种形式。

第一种非竞争的形式是机会（chance）性质的，获胜是靠运气，有概率，并不是每一次做什么事，就一定会得到什么回报，希腊字根叫作 alea，意思是骰子。在摇骰子的时候，并不是每一次你就一定会摇到最大的或最小的，你每一次摇到什么都是纯粹的概率事件，完全不是靠你的努力，你永远不知道会不会下一次你就中大奖，下一次你就是那个赢家。这种游玩的形式很容易上瘾。就像一个人站在吃角子老虎机（slot machine）前面，一直投钱，就

希望下一次可以拿到最大的奖。

第二种非竞争的形式叫作情景模拟（mimicry of situation），即模拟在那个情景下发生了什么。比如说美国南北战争的情景模拟，美国人会定期把南北战争重新演一次，一个演北方，另一个演南方，有时候还会改变结局，诸如南方获胜。情景模拟在现实世界也很多，有些人还会扮成不同的角色，比如说儿童在一起玩过家家的游戏，把自己当成爸爸、妈妈，模仿妈妈去照顾小孩儿、喂养小孩儿等。很多电子游戏提供了某一个故事的场景，让玩家可以扮演其在场景中的角色，这也是游戏的一种形式。

第三种非竞争的形式叫作新鲜刺激（vertigo），"新鲜刺激"指的是什么呢？可以说指的是认知错乱。什么是认知错乱？为什么有人想要把认知错乱来当成游玩的一部分呢？其实它的意思是去体验一个完全新鲜的视角、视野，或是说去做一件非常特殊的事情。比如，公园有一个可供旋转的柱子，你就抱着它一直转，把自己转得晕头转向，这也是游玩的一种形式。坐过山车也是，它是一种刺激，达到一种认知不寻常的刺激。新鲜刺激就是指提供一个达到另外一种刺激的机会，因此它也是一种游玩。

游戏和玩的关系如图 1－1 所示。

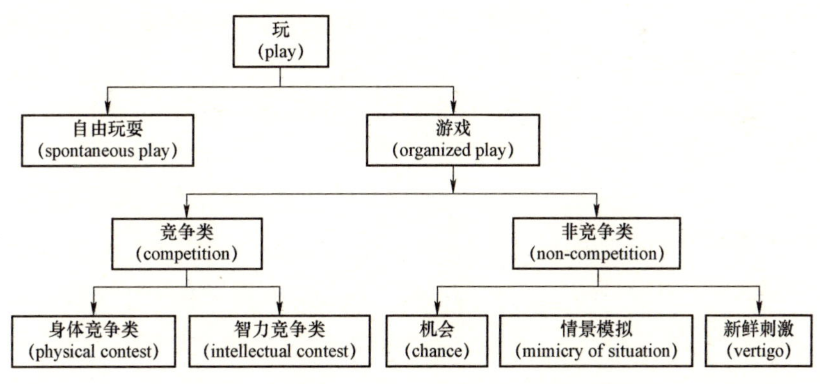

图 1－1　游戏（game）和玩（play）的关系

赫伊津哈对游戏下了一个颇为流行且比较全面的描述定义："游戏是一种自愿的活动或消遣，这一活动或消遣是在某一固定的时空内进行的，其规则是游戏者自愿接受的，但是又有绝对的约束力，游戏以自身为目的而又伴有一种紧张、愉快的情感以及对它'不同于日常生活'

的意识。”①

（二）游戏的特征

游戏有以下 5 个特征。

1. 自愿、自由

游戏的参与者通常是自愿参加的，而不是被强迫的。一切游戏都是一种自愿的活动，遵照命令的游戏已不再是游戏，它最多是对游戏的强制性模仿。儿童和动物之所以游戏，是因为他们喜欢玩耍，在这种“喜欢”中就有他们的自愿。游戏绝不是一桩任务。

此外，游戏具有自由的意识。在游戏中，人们不再为外在和社会的日常规矩和法律所限制，可以尽情摆脱现实世界的限制。比如：在游戏中一个人可以扮演英雄，也可以扮演魔鬼；在现实生活中人们必须遵纪守法，而在游戏中却可以随意杀戮。埃利克森（Erikson）说：“自由在何处止步或被限定，游戏便在那里终结。”②

2. 非实利性

游戏者并非有外在的奖励才会参与游戏，而是主要由内在动机驱动的，其内在动机源于主体内在的需要与愿望，虽然这种愿望会受到外部刺激、生理因素、社会条件等制约，但其动力却主要来自人们对活动本身的意愿、情感和兴趣。

当然，非实利性并不意味着游戏没有任何收益。儿童通过游戏，可以促进他们身体协调能力的发展。

---

① 胡伊青加. 人：游戏者：对文化中游戏因素的研究［M］. 成穷，译. 贵阳：贵州人民出版社，1998.

② 郑也夫. 功利·游戏·求道［J］. 读书，1992（3）：24.

延伸阅读

游戏的自愿性、自由性和非实利性

有一个孩子在院子里滚一个破铁桶，兴致盎然，不肯停歇。铁桶滚动的响声十分讨厌，吵得周围人无法休息、工作。然而不管别人怎么说，他就是不听。

有位老人走了过去，悄悄告诉他，你干得不错，这次你滚一个来回我给你一块钱。孩子简直不相信自己的耳朵。当他完成之后老人果真给了他一块钱。然后老人又对他说，你再滚一次我给你五毛钱。孩子还是很高兴，没想到自己这么容易就得了报酬，又玩了一次，老人给了他五毛钱。这次老人说，我只有一毛钱了，你再玩一次就给你。孩子听了有点不乐意，但想想还有一毛钱呢，勉强又重复一次。最后老人说，没钱了，你再玩一次好吗?孩子兴趣全无地扔下铁桶走了。

3. 佯信性

游戏是虚拟的，不是“日常的”或“真实的”生活，游戏者不需要为游戏中的结果在现实生活中承担责任。但是，这并不意味着游戏是不严肃的。游戏者总是严肃地从事游戏，至少是暂时完全排除了“只是游戏的意识”，他们对游戏中的活动和结果都是非常严肃、认真的。例如，玩象棋的人常常为了游戏中的一步棋而争执得不可开交，不会因为它是虚拟的而随便对待。

可能正是这种“虚拟性”和“真实性”的混合使游戏充满了无穷的魅力，就好比做梦，当人做了一个美梦的时候，他宁愿相信这是真的，以便享受美梦的愉悦。但是，当他做了一个噩梦的时候，他马上会把它当成假的。

4. 规则性

前面讲到游戏具有自由的特点，在游戏中人们可以尽情摆脱现实世界的限制。但是，这并不意味着游戏中没有规则。恰恰相反，一切游戏都是有规则的，有为游戏特定的规则。例如，在一些网络游戏中，尽管游戏者可以杀人，但是必须在一定的环境下并具备一定的条件才可以杀人。赫伊津哈认为，游戏的规则应该具有绝对权威性，不允许有丝毫的怀疑。因为一旦规则遭到破坏，整个游戏世界便会坍塌。

事实上，生活中也常常可以看到这样的例子，几个人玩扑克牌，如果其中一个人不按规则出牌，这个游戏也就无法进行下去了，只能以散场结束。

当然，强调规则并不意味着以牺牲游戏者的自由为代价，否则游戏在某种程度上就有可能异化为非游戏，变轻松为沉重，变快乐为枯燥。而正确的态度应该是在自由与规则之间保持适当的张力（平衡），使规则和自由得到高度的统一。

5. 封闭性

游戏之所以区别于“日常的”生活，既因为发生的时间，也因为发生的场所。从时间方面来说，游戏在某一时刻开始，然后在某一时刻结束，但是游戏又可以在任何时候被重复，这种重复与变化的因素就像织物中的经线和纬线一样。此外，一起游戏是在一块从物质上或观念上，或有意地或理所当然地预先划出的游戏场地中进行并保持其存在的。简而言之，游戏是在一个封闭的被限定的时空内进行的。

总结起来，游戏就在于诚实地、自动自发地去面对一些不属于生活必需范围的事情和挑战，其关键在于人们主动地参与，并且依据规则达到游戏的目标，这个过程完全出于自身内部的动机，与外部因素无关。

延伸阅读

关于游戏的古典研究

2 000 多年前，游戏在希腊已经发展为大规模的奥林匹克竞技活动，但是人类对于游戏的系统研究却比较晚。在古希腊时代，柏拉图（Plato）认为游戏满足了儿时跳跃的需要。亚里士多德（Aristotle）则认为游戏是非目的性的消遣和闲暇活动。总而言之，此时的游戏主要被看作一种本能的体验，是人类愉悦身心的最简单、最普遍的活动，是享乐主义的娱乐活动。

一直到康德（Kant），游戏这一最古老、最平常的现象才开始进入理论思维的视野。康德在把“艺术”与“手工艺”进行比较的过程中提到了游戏，在康德看来，艺术是自由的，是一件令人愉快的事情，仿佛是一种游戏；而手工艺是一种劳动，劳动本身是一件不愉快的事情，只有通过它的报酬才有一些吸引力。尽管康德对游戏的研究是在讨论艺术创作的特征时附带提出来的，但是由于他将游戏与艺术联系在了一起，所以从那时起，游戏的地位才得到了提升。

受康德启发，人们逐渐对游戏这一现象开始重视，并从不同角度开始研究游戏。其中，席勒（Schiller）将游戏分成了两种：一种是无理性的生物的“自然的游戏”，另一种是兼具感性与理性的人的“审美的游戏”。前者为一切人和动物共同具有的，后者为人所特有的。在席勒看来，游戏（尤其是审美游戏）状态是一种自由与解放的真实体现，是感性与理性的和谐统一状态，在这个意义上，他提出了自己的名言：“只有当人充分是人的时候，他才游戏。只有当人游戏的时候，他才完全是人。”由此可以看出，他把游戏当作一种人类的独特活动，并提高到和动物区别的“人之为人”的基本命题判断的层次上。

除了席勒外，这一时期还有一些比较重要的观点：斯宾塞（Spencer）认为游戏就是要发泄过剩的精力；拉察鲁斯（Lazarus）认为游戏是一种放松，是为了从日常生活的疲倦中重获精力；谷鲁斯（Groos）认为游戏的驱动力来自天性，游戏是一种本能，是用来练习求生所需的技巧；霍尔（Hull）认为游戏是一种经验回溯，反映出人类的文化发展，如特定年龄的儿童会呈现狩猎、野蛮、游牧、农耕和部落等不同阶段的行为。

四、过去：文明中孕育了游戏

游戏伴动物而生，在动物世界里，游戏是各种动物熟悉生存环境、彼此相互了解、习练竞争技能，进而获得“天择”的一种本能活动。随着人类的诞生，游戏也被人类所创造，在人类社会中，游戏不仅仅保留着动物本能活动的特征，更重要的是作为高等动物的人类，为了自身发展的需要，创造出了多种多样的游戏活动。因此，游戏的历史，可以说是人类文明的发展史。

原始人在生产劳动中，由于筋力的张弛和工具运用的配合，自发地发出呼声。它们的作用就是以自身的节奏去适合生产活动节奏的需要。在没有发明弓箭以前，人们主要以投击石块来狙击飞奔的禽兽，为了提高投掷的精准度，自然要进行类似的训练。古老的击壤游戏，很可能就是从这种活动中演变而来的。儿童模仿这种投掷石块的游戏，从而出现各种石球游戏。

据清翟灏《通俗编》卷《古今艺术图》云：“秋千，北方山戎之戏，以习轻超者。或云齐桓公北伐山戎，此戏始传中国。”山戎是春秋时北方的一个古老部族，人们在山中生活或狩猎，要采集野果，要躲避野兽的袭击，或者到深秋时迁徙，他们有可能就会抓住藤条，荡过山涧，在达到功利目的的同时，也感到了一种腾空飞越的快感。事后，人们为了回味，更为了平时的习练，照法重试时，就变成了自娱性质，于是就成了游戏。

古时候的军事训练，一般采取各种方式，有些方式就带有游戏的性质。比如说蹴鞠游戏，早在距今四五千年的黄帝时代就已出现。最初很有可能是一种军事活动，通过嬉戏以训练士卒，识别有才之士。又如拔河，原来叫“牵钩”，也与军事活动有关，真正源头可能是上古时代人们的渔猎活动。

在 2 000 多年前的古希腊，游戏就已经是一种大规模的奥林匹克竞技活动，即今天的奥运会(Olympic games)。在英文中，还有一个相关的词 play，那么 play 和 game 有什么区别和联系呢？play 泛指游戏(play 作为名词时甚至可以指活动，相当于 activity)，而 game 的意义更多是指社会性的游戏，虽然也是 play，但是是有规则的 play，不是随意的 activity。2 000 年前 game 用于 Olympic，也就是说，game 是一种有组织、有规则、有竞争性的活动(play)。

除了军事活动、运动竞技外，随着社会的发展，一些宗教活动、礼仪活动、风俗习惯的宗教性和社会规范作用逐渐减弱，而转化为纯粹娱乐性的游戏活动。例如，斗百草游戏就与风俗习惯有关。我国古俗认为，五月是恶月，因此要采集艾草编为人形，钉于门上，以禳毒气；挂五色索于儿童颈、臂、胫、足，以保儿童百岁无灾，健康成长。五色索因而也叫作“百岁索”。百岁索初以百草编制，后代才易为彩绘。在采集百草的过程中，自然形成了采集者之间在数量、种类、知识等方面的比试和较量，斗百草游戏也就产生了。

从生产劳动、军事训练、社会风俗、体育运动等方面，可以看到游戏本身起源于人类与自然力相斗争的生活，也就是说，满足于物质基础，而随着文明的发展，以及各种社会制度的建立，人类的上层建筑又创造性地丰富了游戏。

神话是一种非常古老而又传统的上层建筑，用人物形象来表现非肉体、非生命的东西，是一切神话创造过程的灵魂。在人们创造神话故事时，一方面试图用“游戏”的思想去比喻一个具体的故事，试图造成一种神秘的气氛，让人能够入迷；另一方面，在创作的神话故事里，又用“游戏”来解释属于当下的事情。比如说乞巧游戏(每逢农历七月初七的夜晚，民间女性向织女乞求变得更加灵巧)就与牛郎织女的神话故事有着千丝万缕的联系。[①]

诗歌作为一种传承、吟诵人或事物的形式，与游戏不仅有外在的契合，在创造性幻想的结构中，两者的契合更是显而易见的。在诗性用语的转向、

① 李屏. 中国传统游戏研究：游戏与教育关系的历史解读［M］. 太原：山西教育出版社，2012.

母题的展开、情绪的表达里，总有一种游戏元素在发挥作用。在神话或抒情诗里，在戏剧或史诗里，在远古传说或现代小说里，作者有意无意地造成一种紧张的情绪，使读者着迷，欲罢不能。

游戏即战争，战争即游戏。战争最初的形式是打斗，一切由规则约束的争斗都具有游戏的形式特征。在许多希腊花瓶上，可以看见两军对垒的战场有游戏的性质，因为陪伴他们作战的有吹笛子的人。在奥林匹克运动会上，决斗的人搏斗到你死我活，与战斗无异。战争中包括“单挑”“叫骂”，尊重对手，礼让三分，讲究仁道，反对不义，具有很强的游戏成分。

玩一玩

世界上第一款电子游戏《双人网球》(*Tennis for Two*)的诞生就与军事相关。这款游戏是1958年研发的。那时，正是美苏军事竞赛的冷战时期，美国物理学家William Higinbotham在繁重的科研工作之余，设计并发明了这款用控制杆控制，于示波器上运作模拟网球或乒乓球的游戏，控制杆的操纵类似于操作发射炮弹或者发射火箭的按钮。人们操作控制杆击中晃动的网球，有击中敌物的快感，灵感来源与当时的军事竞赛大环境密切相关。《双人网球》游戏如图1-2所示。

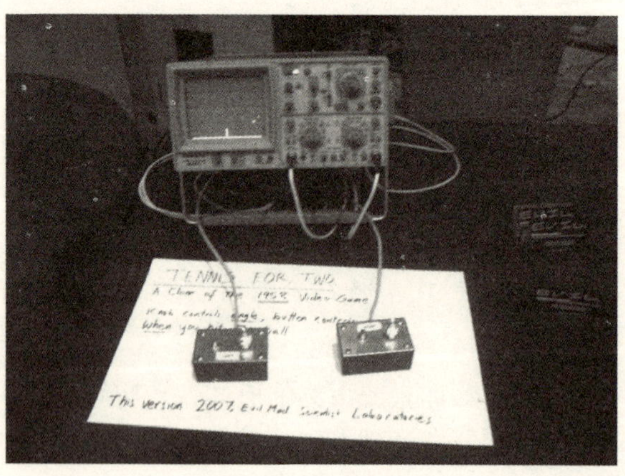

图1-2 《双人网球》游戏

该游戏提供了两个盒子状控制器，两个都配备了轨道控制旋钮及一个击球的钮。

《双人网球》视频见：http：//v.youku.com/v_show/id_XMjMwODk2NDE2.html.

关于游戏与文明的关系，赫伊津哈有精辟的见解，他将游戏比喻为推进文明的酵母："游戏因素在整个文化进程中都极其活跃，而且它还产生了许多基本的社会生活形式。游戏性质的竞赛精神，作为一种社会冲动，比文化的历史还要悠久，而且渗透到一切生活领域，就像真正的酵母一样。仪式在神圣的游戏中成长，诗歌也在游戏中诞生，以游戏为营养，音乐舞蹈则是纯粹的游戏。智慧和哲学表现在宗教竞争的词语和仪式之中。战争的规则、高尚生活的习俗，全都建立在游戏模式之上。初始阶段的文明是游戏的文明，文明不像婴儿出自于母体，它就在文明之中诞生，它就是游戏，且绝不会离开游戏。"

五、今天：游戏正改变一切

今天，游戏已经融入人们的生活、工作、学习中，经济活动也越来越多地游戏化了。沃顿商学院沃巴赫教授认为，游戏化就是在不属于游戏内容的范畴之内运用游戏的元素和设计游戏的方法[①]。很多游戏中存在着一些常见的元素，如团队、输赢、得分、奖励……没有一个元素可以涵盖所有的游戏，因而无法用一般的方法来给游戏下定义。就算赫伊津哈也认为，为游戏下一个定义是非常困难的。尽管定义困难，但游戏的特征却显而易见。

普莱姆·沙河是专门帮助发展中国家促进小额贷款业务的非营利机构

① 兹彻曼，林德. 游戏化革命，未来商业模式的驱动力［M］. 应皓，译. 北京：中国人民大学出版社，2014.

Kiva 公司的首席执行官。当他被问及其最大的竞争者是谁时，普莱姆·沙河的回答很简单，“Zynga”。当你在 iPad 上启动 App 应用《填字接龙》游戏时，就能看到 Zynga 这个名字。正是这家公司，在社交网络和移动设备上彻底改变了社交休闲这一类型的游戏，还有 Popcap、Gameloft 以及腾讯和其他无数如日中天的社交游戏明星企业，整个游戏行业，都是不可小觑的对手。正如前文所述，小到生活中的麻将（也可以在网上玩）、网上的“偷菜”这些小型游戏，大到《魔兽世界》这种大型网游，玩游戏已经是一种迅速传播的时尚，而且游戏人群也在不断增长，当人们专注于如何在游戏中获得积分、赢得比赛和提升排名时，他们是不会在意什么品牌和产品的。

越来越多的人玩游戏的现象正在推动我们走向一个更加游戏化的未来。游戏伴随着今天的每一个孩子成长，在学会说话之前，他们就已经在学习如何运用科技，且大多数情况下就是通过游戏来学会的。越来越多的女性和老年人开始玩游戏，年轻人则不只是在玩游戏，他们的生活已经和游戏密不可分。正是这些行为的根本性改变，自然而然地改变了世界上的一切。

著名未来学家，世界顶级未来趋势智库“未来研究所”游戏研发总监，美国著名交互式娱乐服务公司 42 Entertainment 首席设计师，受关注度超过比尔·盖茨的 TED 大会新锐演讲者简·麦戈尼格尔在其著作《游戏改变世界》中，从古吕底亚人的故事中得出了游戏的四大永恒真理。

> 大约 3 000 年前，阿提斯（Atys）在小亚细亚的吕底亚为王。有一年，全国范围内出现了大饥荒。起初，人们毫无怨言地接受命运，希望丰年很快回来，然而局面并未好转，于是吕底亚人发明了一种奇怪的补救办法来解决饥饿问题。计划是这样的：他们先用一整天来玩游戏，只是为了感觉不到对食物的渴求……接下来的一天，他们吃东西，克制玩游戏，依靠这种做法，一熬就是 18 年，在这 18 年间，他们发明了投骰子、抓子儿、玩球及其他常见的游戏。

人生中最紧迫的，也是地球上每个人都要承担的使命，是在清醒的每一刻里，全力以赴地投入现实。但较之最优秀的游戏，现实有很多不足，支离破碎。今天的我们和古吕底亚人有 3 个关键的共同点。

第一，对饥饿受苦的古吕底亚人来说，游戏是提高现实生活质量的途径。在艰难时期提供真正的积极情感、真正的积极体验、真正的社会关系，面对无聊、焦虑、孤独和抑郁，没有人能够免疫，而游戏却能快速、低廉、效果明显地解决这一问题。前文中，在地震中“玩麻将”也提高了当地受灾群众的生活质量，甚至避免了更多的打砸抢现象的发生。

第二，大规模地组织人群很艰难，而游戏则让它变得很轻松。骰子游戏为古吕底亚人提供了参与规则。参与规则很简单：这些日子可以吃，那些日子可以玩。这两条简单的规则帮助古吕底亚国王上下协调了稀缺资源，协力合作熬过了 18 年漫长饥荒岁月。这种日常的游戏机制，维持了王国的团结，拉长了努力的持续时间。

第三，游戏并不依赖于稀缺或有限资源。不管资源多么有限，我们都可以无休无止地玩游戏。我们玩游戏时，消耗更少。对古吕底亚人来说，游戏其实引入并维持了一种可持续性更强的生活方式。今天，人们也开始意识到这种可能性，开始怀疑物质财富是不是真正的幸福之源，开始寻找避免因对物质的无尽需求而耗尽地球、耗尽彼此的方法，希望增加经验、关系和积极情绪方面的财富。

今天，游戏的演化程度已经足够高，今天的游戏大多包含严肃的内容，可以引导人们把注意力放在身边最紧迫的现实问题上，如科学问题、社会问题、经济问题、环境问题。通过游戏，我们为人类面临的最迫切挑战创造新的解决方法。这与古吕底亚人有本质的不同，他们用骰子做了很多事情，但唯独没有用它来解决饥荒。游戏缓解了痛苦，解决了社会混乱，减少了能源消耗，但没有真正解决粮食供应匮乏。今天人们正在开发一种更为强大的改变世界的游戏，以解决现实问题，带动真正的集体行动。

要理解包装在游戏里的严肃性真实问题，并通过掌握这些问题来习得解决现实问题的办法，由此制定创造性的解决方案，就必须更深入地理解游戏与学习的关系，掌握用游戏来学习的技巧。在游戏中学习，正是本书的目的所在。

希罗多德写道，玩了 18 年的投骰子游戏后，古吕底亚人发现饥荒仍然看不到头。他们意识到，只是袖手等待、分散精力，恐怕还是无法在饥荒里存活。他们必须乘势而起，直接克服障碍。因此，他们决定一起玩最后一回游戏。

他们把王国的人口分为两半，通过抽签的方式来决定哪一半人留守本国，哪一半人出发寻找新的定居之所。这最后一轮游戏让古吕底亚人实现了华丽制胜，以出乎意料但效果显著的方法，胜利解决了饥荒问题。

在古吕底亚人利用游戏技巧和能力改造世界 3 000 多年后，现实的社会让人们无从选择，需要效仿他们的老路，将游戏更紧密地整合到日常生活中，并让越来越多的人在游戏中学习为现实创造解决问题的办法，重塑人类的文明，实现“让现实更加美好”的愿景。

第二章
人为什么玩游戏

在第一章中，你看到了身边无处不在的游戏场景，以及泛在的游戏群体。对于 20 世纪 90 年代出生的人来说，从记事之日起，他们就生活在游戏的世界里，伴随着网络技术的发展而成长，对于游戏的“沉浸”体验尤为深刻，以至于他们对现实感到失望，过多地享受着游戏的快感，更有甚者，发生了游戏成瘾现象。游戏挤占了他们学习的时间，影响了他们生活的质量。游戏成瘾在 2005 年前后成为一个非常严重的社会现象，引发了全社会的关注。有人将网络游戏比作“毒品”。

一、谁来救救我的孩子？

2004 年 4 月 21 日晚，一位母亲舒梅去网吧寻找女儿。她熟练地穿街走巷，一拐弯儿走进武昌首义路上的一家网吧。为了找女儿，这附近大大小小的网吧，她都寻遍了，每家都熟悉得很。果然，在二楼一个闷热的角落，她找到了女儿曲倩。几天没回家，曲倩的脸色黄黑，头发和脸庞都是汗津津的。她正目光痴迷地玩着网络游戏《仙境传说》。

看见女儿这副模样，舒梅心痛不已："又不吃又不睡，你不累吗？"曲倩无所谓地摇摇头，键盘上的手指一刻也没停。"回家吃点饭洗个澡好吗？"女儿依然不理。舒梅无助地坐在一边。半个小时后，也许是真饿了，曲倩恋恋不舍地下了网，走出网吧。

出网吧后，曲倩说不想回家吃饭，要求在餐馆吃饭。母女进餐馆点了两个炒菜。谁想饭后，女儿站起来又往网吧去了，怎么拦也拦不住……

曲倩是《武汉晚报》公开报道的一个因网络游戏成瘾影响了学习和生活的孩子。文章用母亲舒梅的语气呼吁"谁来救救我的女儿"，寻求社会上的人帮助其女儿戒除网瘾。

文章主人公曲倩是个极其聪明的孩子，从小学开始，她的成绩就总是名列前茅，习惯了老师的宠爱和同学的追捧。中考时她以全班第一的高分顺利考进武昌一所名校。进入名校后，那里强手如云，人才济济，以往成绩总是独占鳌头的曲倩不再能争得第一。心理严重失衡的她，渐渐迷上了网络游戏。在网络游戏中，她身手敏捷，判断准确，升级速度极快，网友们身处险境向她求救时，她总是拔刀相助，力挽狂澜。凭着才气，她在网上即兴创作的一首首精美小诗，更是令网友们羡慕不已。很快，她在网上就拥有了一批拥戴者。这种似曾相识的境遇，让她找回了往昔的自信，甚至认为网络中的状况才是真实的人生。

由于曲倩是第一个被公开报道又被成功转变的例子，使得青少年网络成瘾现象广为社会关注。网络成瘾（internet addiction disorder，IAD）是指在无成瘾物质作用下，个体过度上网而导致社会、心理等方面明显损害的行为①。

在青少年网络成瘾中，游戏成瘾是最主要的类型，指的是对游戏产生依赖的现象。曲倩便是对《仙境传说》这款网络游戏产生依赖，在网吧的游戏里“鏖战”，连续旷课 20 天，成绩直线下滑。从小学到初中，她都是班上的佼佼者。进入全省著名的高中后，面对强手如云、人才济济的新的学习环境，成绩上不再独占鳌头的曲倩心理严重失衡。茫然中，她在网络中找回了成就感，渐渐陷入这种虚无中不能自拔。

当《武汉晚报》刊发了曲倩的报道后，华中师范大学的陶宏开教授揭了榜。他通过邀请曲倩母子到家里谈心，持续谈了 11 个小时之后，成功将曲倩从网络游戏里拉回现实。曲倩成功戒除了网络游戏的瘾，从原来的名校转回家乡所在地的一所普通中学，后考上大学。一时间，陶宏开声名鹊起，一场戒除网络游戏成瘾的运动在全国大地上轰轰烈烈地展开，很多戒除网瘾学校和培训班像雨后春笋一样爆发出来。

然而，一边是戒除网瘾的呼声，另一边却是更多的游戏成瘾的危害故事。曾经有一个报道，一位学生由于长时间玩网络游戏，在一次玩通宵回到家后，模仿游戏里的角色做出飞翔的动作，从窗台上一跃而下，当场死亡。四川的高考奇才张非，2003 年考入北京大学，因为沉迷于网络游戏而被劝退学；2005 年考入清华大学，再次因沉迷于网络游戏而退学。据中央电视台《大家看法》一期节目披露，一个 14 岁的女孩因沉迷《梦幻西游》而辍学在家，父亲带她去多家戒除网瘾机构尝试了各种治疗方法，服用镇静药物，接受电疗、催眠、输液，请医生一对一看护，去行走学校接受半军事化训练，参加戒除网瘾夏令营……前后总共花去 150 万元，却收效甚微②。

媒体过多地渲染此类事件，将游戏推上风口浪尖，很多家长谈“游戏”色变，恨不得将自己的孩子与游戏绝缘开来，断电、断网、关禁闭成为干预的主要手段，甚至不惜高价将孩子送到戒除网瘾学校参加封闭“治疗”。

据有关研究，在我国中小学生的游戏成瘾原因中，如下因素可能会造成

① 林绚晖，阎巩固. 大学生上网行为及网络成瘾探讨［J］. 中国心理卫生杂志，2001（4）：281－283.

② 王继新，杨文登，叶浩生. 大学生网络游戏成瘾及其质化研究［J］. 心理学探新，2009（6）：88－93.

游戏成瘾。

1. 年龄和心理发育水平

青少年时期的孩子判断力及控制力较低，在网络游戏的吸引和同伴的诱导面前，很容易陷入其中。另外，游戏成瘾的男生多于女生，男生更容易在游戏中获得征服感和自信心，一旦获胜，便会强化他的游戏行为。

2. 自信心不足

在现实人际交往中缺乏自信、有自我封闭倾向的青少年更容易游戏成瘾。他们为了摆脱内心的压抑和孤独，畅游在游戏的世界里，并通过在游戏中的得分和晋级为自己树立自信。

3. 社会支持不足

社会支持获得不足的青少年可能寻找其他途径满足心理需求。网络游戏通过为玩家提供更多互动的机会，可以提高玩家的社会支持，从而弥补他们在现实生活中的不足。

4. 父母的教养方式不当

父母习惯一味地拒绝、否定孩子，会挫伤孩子的自尊心，使他在现实中得不到心理满足，就转向虚拟的网络世界寻求自我满足。

由此可见，当青少年在现实生活中无法获得满足，又得不到社会的支持，加之自身心理素质不强，无法通过人际交往或者其他方式发泄出去，就很可能寻找替代品。这个替代品，恰好能够满足青少年的这些需求，并且建立一种长期的强化关系，久而久之就产生了依赖。然而娱乐形式有很多种，为什么偏偏是游戏成为替代品了呢？

玩一玩

网络游戏成瘾自测问卷①

以下各项是一些描述性特征，请根据你最近3个月参与网络游戏的实际情况为基准填写。

	0	1	2	3	4
全神贯注于网络游戏，在下线后仍然想着游戏中的场景，游戏成为生活的中心					
对网络游戏的使用有强烈的渴求感或冲动感，难以控制					
如果减少或停止网络游戏时，会出现烦躁不安、焦虑或易激怒等症状，甚至会勃然大怒、情绪失控，而上述症状在恢复网络游戏使用后可迅速减轻或消失					
比起以前，我要花更多的网络游戏时间才能感到满足，或者使用时间不变，但是我的满足感不断地下降					
自认为可以控制网络游戏的使用或减少网络游戏的持续时间，且每次尝试控制都能成功					
明明知道使用网络游戏会给或者已经给自己带来了危害，但仍然无法停止					
因为打网络游戏而影响了我的学业或者工作，甚至辍学或失业					
因为打网络游戏而影响了我的人际关系，与父母亲友的关系紧张、疏远甚至破裂					
除了使用网络游戏之外，对其他事物的兴趣未见明显减少，没有放弃其他兴趣爱好、娱乐或者社交活动					
使用网络游戏对我的身体健康造成了负面的影响，如失眠、头痛、消化功能不良、恶心、厌食、体重下降等不良生理反应					
使用网络游戏是为了缓解一些负兴状态（或戒断症状），诸如烦躁不安、焦虑、抑郁、沮丧等					

① 戴珅懿. 青少年网络游戏成瘾诊断标准的修订、成瘾模型的构建与防治研究［D］. 杭州：浙江大学，2011.

*第 5、9 题是反向计分，即为负分。
网络成瘾倾向程度判定分值：
0～10 分，轻度网络游戏沉迷；
10～20 分，中度网络游戏沉迷；
20～29 分，重度网络游戏沉迷；
29～44 分，网络游戏成瘾状态。

二、抓住人性的弱点

游戏满足了现实世界无法满足的人类真实需求，带来了现实世界提供不了的奖励，它们以现实世界做不到的方式教育我们，鼓励我们，打动我们，以现实世界实现不了的方式把我们联系在一起，我们很“饥渴”，游戏填饱了我们，对更满意工作的饥渴，对强烈族群感的饥渴以及对更有意义的人生的饥渴。

——简·麦戈尼格尔

1. 即时反馈

在游戏中的任何操作，都会立马视觉化、数据化地显示出来。每次打怪物头上飙出的数字，每次出招的音效、伤血的红字和加魔的蓝字，经验上升时神奇的音乐，它们都给玩家提供了最直观的即时反馈。

即时反馈提供给玩家一种可控感，即控制。所谓控制，是指游戏中让游戏者感觉能够决定和控制游戏中的活动[①]。要增强控制感，就要随时响应游戏者的操作，并提供各种可能的选择，而且要让他们感到有能力来决定操作的

① LEPPER. Microcomputers in education：motivational and social issues [J]. The American psychologist, 1985 (11)：1 – 18.

结果。电梯里的“关门”键其实根本无效，但是这个装饰用的按键却实实在在可以增加乘客的可控感，进而使乘客产生心理上的安抚效应，使乘客不易烦躁。

2. 目标循序渐进

游戏设计了很多挑战。所谓挑战，指的是游戏中存在恰当难度的目标和任务，如过关或升级等，能够激发游戏者的好胜心，促使游戏者去应对挑战，克服困难，战胜对手，赢得胜利。

为了增强这种挑战，游戏总能让游戏者找到一个10分钟左右的小目标和不同难度的任务，并积极给予适当的反馈。得到这个适当的反馈后，游戏者产生成就感。为了维持这种欣快的感觉，游戏者又迫不及待地投入下一个小目标。平均10分钟一个小高潮，谁比得过它？

在《魔兽世界》中，每一个任务都会扩大游戏者所探索的领域，使游戏者面对越来越具有挑战性的障碍。一些任务教钓鱼，一些任务教交易，还有一些任务教如何使用不同的天赋。游戏不会让游戏者一次性获得所有技能，他们一次只学习1～2项技能。而新技能的学习则是建立在原有技能的基础之上。游戏能很好地使游戏者活动在与其技能水平吻合的领域中，他们不会在等级1的区域内发现30级的怪物，因此通常可以非常安全地一点点完成具有挑战性的任务。

3. 持续的成就感

每个小目标完成后，游戏都会马上给予反馈，让人获得一种征服的成就感，获得一种内在的激励。简单地说，成就感就是一种自我能力的确认——这件事我喜欢，我做了，我克服了困难，我完成了，我开心。为什么简单的小游戏，比如《扫雷》《连连看》会让人上瘾，一盘又一盘地玩下去？因为它设置了恰到好处的困难，让你证明你有能力破解它。感受到了这种能力，你就想一而再，再而三地体验它。一旦达成了某种成就，还会被记录下来。

除了游戏，现在还有谁会拼命找理由，就为了给你发小红花？可能生活中一个普通小职员，在游戏里就是一呼百应的公会老大。这种权力和万众仰慕的感觉也是现实生活中的“稀缺资源”。

关于挑战和成就，其实是有风险的。如果挑战的难度过高，远远超出游戏者的能力，游戏者始终完不成任务，那么他肯定没有成就感。但是，如果挑战的难度过低，游戏者轻而易举不需要什么技巧就完成了任务，那么他也会没有成就感。所以，挑战和技巧的平衡是能否产生成就感的重要因素。如图 2-1 所示心流理论模型，当挑战远远高于游戏者的技巧水平时，游戏者无论如何努力都不能完成某件任务，他就会变得焦虑；当挑战远远低于游戏者的技巧水平时，游戏者不需要努力就能完成任务，他就会觉得枯燥和单调，并进而对游戏产生厌倦情绪；只有等两者平衡的时候，游戏者才能进入真正的“心流”状态。

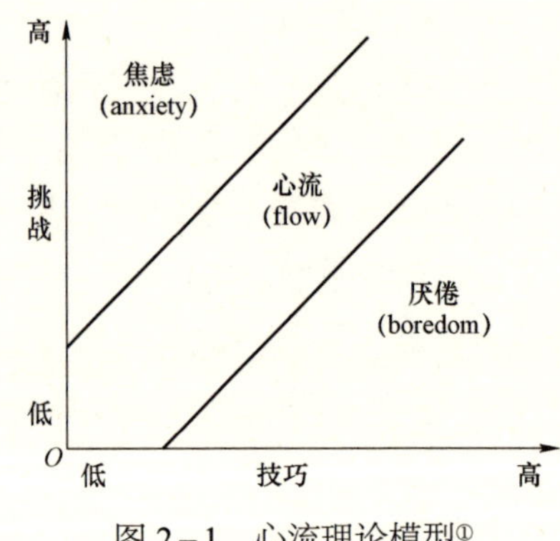

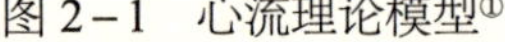
图 2-1　心流理论模型[①]

延伸阅读

心　　流

所谓“心流”，是指参与者被从事的活动深深吸引进去，意识被集中

① 尚俊杰，蒋宇，庄绍勇. 游戏的力量：教育游戏与研究性学习［M］. 北京：北京大学出版社，2012.

在一个非常狭窄的范围内，所有不相关的知觉和思想都被过滤掉，并且丧失了自觉，只对具体的目标和明确的反馈有感觉，几乎被环境所控制[①]。简单地说，“心流”就是一种当个人完全沉浸在一项活动中时所产生的心理状态：个人因为自身的兴趣完全融入其中，专注在自身注意的事情上，并且丧失其他不相关的知觉，就好像被活动吸引进去一般。

“心流”能够给人带来快乐，并使人希望持续该活动。那么什么时候才能产生“心流”呢？研究表明：在目标明确、具有立即回馈，并且挑战与能力相当的情况下，人的注意力会开始凝聚，逐渐进入心无旁骛的状态，就产生了“心流”。爱好、运动和看电视等主动式休闲活动比较容易产生“心流”。

因此，在游戏设计时要注意保持技巧和挑战的平衡，使它们互相促进，让参与者在不知不觉间完成平时不可能完成的任务，并进一步肯定自我，从而促使参与者学习更新的技巧。

4. 协作和献身

当人和人一起经历过情绪的大起伏后，就会产生更亲密的关系。在游戏中，协作指的是玩家彼此之间联合完成全部或某项任务。和他人的协作将有助于增强玩家的内在动机[②]。

游戏将一个宏大的任务分割成互相有联系的部分，将促进协作的产生。

游戏并没有使游戏者更孤独，反而提供了另外一种和别人交往的机会。玩游戏不能看作一个简单的游戏过程，而更多的是一个社会交往过程。对于单机游戏，游戏者一般是通过一起玩游戏来进行社会交往的；而对于网络游戏，游戏本身就需要和其他人互动，比如早期的多用户文字网络游戏 MUD，游戏者就可以在游戏中和其他人聊天、对打等。

---

① CSIKSZENTMIHALYI. Beyond boredom and anxiety［M］. San Francisco：Jossey-Bass Publishers，2000.

② LEPPER，MALONE. Intrinsic motivation and instructional effectiveness in computer-based education［C］//SNOW，FARR. Aptitude，learning，and instruction，III：cognitive and affective process analysis. Hillsdale：Lawrence Erlbaum Associates，1987.

现实生活中供人情绪起伏的活动太少，导致协作的机会严重下降。取而代之，人与人的协作变成“一起上过网”，一起在游戏里组队、团战、城战、PVP……

游戏还能提供现实中稀缺的“庄严”和“意义”感。游戏者为自己的公会或者团队牺牲过，这也是一种荣耀。

5. 简化世界，路径清晰

在现实生活中，经常听到一个词——“迷茫”。游戏的设计就是为了解除“迷茫”。游戏体系在不断的研究和发展演进中，已经形成一套将现实生活总结简化的图谱、话语体系。要做什么、怎么做、做到后有什么结果，全部都十分清楚。游戏者只需照着地图、攻略，就能到达他所期望的目标。所有人都追求“对世界的理解”，而这种欲望，在游戏中能得到最大限度的满足。

另外，游戏又是虚拟的，换句话说，游戏不是“日常”的或“真实”的生活，玩家不需要为游戏中的结果在现实生活中承担什么责任。但是，这并不意味着游戏是不严肃的。“游戏者总是以最大的严肃来从事游戏，即带着一种入迷，并至少是暂时完全排除了那种使人困惑的‘只是’意识”[①]。比如，玩象棋的人常常为了游戏中的一步棋而争执得不可开交，而不会因为它是虚拟的而随便对待。

有游戏设计师分析了人的意愿（想通过游戏获得），以及一些游戏的任务设计与功能设计，发现人的所有意愿，网络游戏几乎都可以满足。可见，游戏“抓住人性的弱点”真是名副其实。人的行为意愿与游戏任务和功能的对应关系如图 2－2 所示。

游戏中的任务和功能设计说明如下[②]。

---

① 胡伊青加. 人：游戏者：对文化中游戏因素的研究［M］. 成穷，译. 贵阳：贵州人民出版社，1998.

② 佚名. 游戏中的娱乐模式分析［EB/OL］（2010－01－20）［2019－07－10］. http：//blog. sina. com. cn/s/blog_51830eab0100fzga. html.

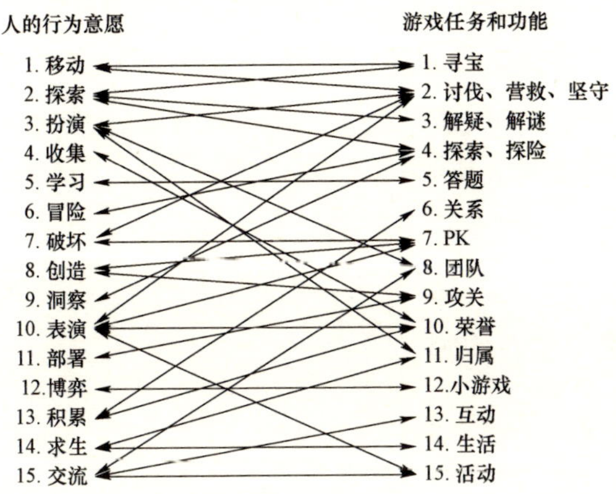

图 2-2　人的行为意愿与游戏任务和功能的对应关系

（1）寻宝（找物品、找人、送信、护送）

完成任务需用到某物品或信息。物品或信息的获得可以以 A→B 的方式直接获得，也可以以 A→B→C→D……的方式间接获得。“送信”与“护送”的形式与此相同。

（2）讨伐、营救、坚守

消灭敌人（单个或团伙），直接或获得物品来完成任务，或解救他人。有单人与团队模式。坚守阵地，等待救援或等待某物品特效的发生。

（3）解疑、解谜

以洞察力发现剧情的迷雾，找到线索，破案解疑；或发现规律，通过迷宫。

（4）探索、探险

探索未知区域或隐藏剧情，体验随机性事件，以获得感观的刺激与较丰厚的奖励。

（5）答题

任务或活动的一种形式。通过答题引导对游戏内容的学习与了解，也是获得资源的一种快捷方式。

（6）关系

完成某种任务需先获得非玩家角色（non-player character，NPC）或其他游戏者的好感，积累一定的关系，只有这样，才会给游戏者信息提示或任务物品。

（7）PK

PK 是游戏者破坏与创造意愿的共同体验，以创造性的技能连接达成最大的破坏效果，也是取得成就的一种表现方式。

（8）团队

团队是游戏中的一个社会组织。完成团队任务可增强游戏者的归属感，增强游戏者之间的交流与游戏的黏度。

（9）攻关

面对一个强大的关卡，需要团队合作，合理部署，并在生与死之间冲破阻碍，最终完成任务。

（10）荣誉

游戏者在游戏中获得的等级、财富、物品、称号等，都是辛苦玩游戏的应得报酬，是虚荣心的满足，是前进的动力。游戏与现实的区别在于：劳有所获，达到一分付出一分收获的平衡。

（11）归属

宠物、朋友、团队、家园……这些都是需要寻找的虚拟归属，让人安家，让人掏钱。

（12）小游戏

在小游戏中休闲、博弈，既增加了游戏的乐趣，也增加了游戏的寿命。

（13）互动

聊天、交易、组队、成婚、PK……拥有互动功能是网络游戏与单机游戏最大的区别，也是网络游戏最大的乐趣。

（14）生活

游戏所有的设计都是让游戏者能够在游戏里生活。衣、食、住、行，系统都会引导，但要游戏者自己创造。

（15）活动

定期开展一些活动可以较好地增强游戏的黏度。活动可以多种任务方式开展。

三、虚拟的朋友，真实的关系

网友亚晖有一个奇怪的朋友。他们两个人的相识是因为在《最终幻想 11》里钓鱼。

一天，由于网络延迟太久，亚晖无所事事，心想看看风景也好，于是就去钓鱼。碰巧那个朋友也在钓鱼，朋友在日本。于是他们两个就一天一天地钓鱼，然后各自用蹩脚的英语聊天，从聊游戏本身一直到聊日本文化和两国关系。某天，朋友主动跟亚晖聊天，才知道他几乎会在每个游戏里面钓鱼，是一个专业的钓鱼玩家，但亚晖一直也没有问过为什么，理所当然地认为，这只是个人喜好而已。在《最终幻想 11》里，亚晖也是几乎不会去打怪，也不怎么做任务，唯一的乐趣就是钓鱼。后来他们交换了 MSN，直到有一天亚晖对钓鱼失去了兴趣，他们中断了联系。

大概几年后，日本的朋友又联系到亚晖，问玩不玩《魔兽世界》。亚晖就和他一起重新创建了账号，一起玩。他们偶尔做做任务，剩下的时间全是在钓鱼。

> 这时我也从来没问过他为什么这么热衷于钓鱼这件事，还是有一搭没一搭地聊天，他可能也感觉我比较无聊，就干脆开始教我学日语。后来我开始越来越少玩，但每次上线都会发现他还在各种奇怪的地方钓鱼。
>
> 不久前他又一次联系到了我，问我玩不玩《最终幻想 14》，我知道，肯定是没人陪他钓鱼了。于是我们又在《最终幻想 14》里开始钓鱼。从第一次我认识他时，我连英语都说得蹩脚，到现在我已经能用日语跟他交流，中间过去了近十年。我终于忍不住问他，究竟你为什么那么喜欢钓鱼？他的答案是，他非常喜欢钓鱼，小时候因为游泳溺过水，所以有心理阴影不敢接近大片的水域，现在要么就在家钓鱼缸里的鱼，要么就只能玩游戏了。

因为偶然的机会，在同一个游戏里钓鱼而结识了一位朋友，虽然一位在中国，另一位在日本，但丝毫没有影响双方的联系。

在游戏中交朋友还有一个好处，就是朋友招之即来挥之即去，你不用担心找不到朋友，只要你愿意交流，就肯定能找到和你一起“做事”的人。你可以找一个陌生人，问“组队吗？”，不必觉得鲁莽和冒失，如果他拒绝了你也没关系，反正你也不知道他是谁。如今的网络游戏提供了很多交流的工具，如即时会话、电子邮件等，在游戏中很方便就可以沟通。借助一些游戏外的网络沟通工具，这种联系一旦建立，便可以永存。如果哪一天你不想和这位朋友联系了，他也找不到你，网络上的人都是虚拟的。网络的虚拟性保护了我们，保护了我们在交友过程中的自尊心。

尽管朋友是虚拟的，甚至一辈子都不见面，但是通过游戏建立的友谊关系却可以是真实的。一位《魔兽世界》玩家在日志中对曾经的玩友说了如下这段话。

> 斌，还记得吗？你挂着憨憨的笑容听着我对联盟部落职业阵营的分析，听着我对你吹嘘作为一个老玩家的见解，听着我勾画咱们以后的游戏之路，始终在嘿嘿地乐。现在的我才知道你为什么这么快乐，因为你找到了一个懂你的人。其实你不知道，我也很快乐。而踏入社会以后我才发现再也找不到让我快乐的理由和让我开怀的人，充满了尔虞我诈的现实让我不敢肆无忌惮地敞开心扉。

在游戏中，很多人找到了知己，与真正懂自己的熟悉的陌生人建立了关系。正如埃文斯和约翰逊所说，游戏旨在唤起人们在城市生活里常见的孤独和匿名感，为陌生人提供一个途径，让彼此之间产生意义，哪怕为时短暂。“游戏让玩家沉浸在人群当中，让他们直面城市生活唤起的矛盾情感，以及因为匿名而产生的自由和孤独。”建立关系、加强交流调动了社会交往动机[①]。

---

① 尚俊杰，庄绍勇，李芳乐，等. 网络游戏玩家参与动机之实证研究［J］. 全球华人计算机教育应用学报，2006（4）：65－84.

能更方便、更容易与陌生人交友并建立真实的关系，这也是游戏吸引人的地方。有关调查显示，纯粹娱乐、交朋友是中国网络游戏用户玩网络游戏的主要目的，所占比例依次为 34.26%、28.88%，远远高于消遣时间、锻炼智力等其他目的[①]。在社会生活中，青少年渴望和其他人交往，而且往往倾向于和比自己年龄大的孩子一起玩，这样就可以从他们身上学到新的知识。但是，由于学校采取班级的集体教学方式，使得青少年形成的团体受到地理情境的限制，一般只能和本班或附近的孩子形成团体。而网络游戏却给青少年提供了一个新的突破地理限制、年龄限制、性别限制的交友方式，在其中可以结交来自世界各地、不同领域、不同年龄、不同身份的朋友。

认识陌生人是人交往中的一种本能。人们往往与陌生人有更多的对话。在与熟悉的人结伴乘火车远行时，或许你更愿意和对面坐着的陌生人说话，陌生人往往与自己没有利害冲突，你也没有情感需要负责的压力，不用过度担忧自己说话后会产生什么影响，减少了表达的阻力。向陌生人倾诉自我，反倒满足了你内心深处的表达欲望，你可以无所顾忌地倾诉。另外，与陌生人交流，既是一种挑战（有可能会被拒绝），也满足了你的好奇心。对于一个之前完全不认识的人，他本身就带有足够的信息量，比坐在你身边的熟人更能够让你好奇。

激发你的好奇心是游戏的长处。游戏根据游戏者当前的知识水平提供适当程度的复杂性和矛盾性，使游戏者感到好奇[②]。好奇分为感官好奇（sensory curiosity）和认知好奇（cognitive curiosity）两类，感官好奇可以通过音乐和图像来增强；而认知好奇可以通过一些似是而非的观点、不完整的观点或者简化的观点等来增强。

---

① 上海艾瑞. 第四届中国网络游戏市场调查 [R]. http：//china. 17173. com/jg. doc，2004.

② LEPPER，MALONE. Intrinsic motivation and instructional effectiveness in computer-based education [C]//SNOW，FARR. Aptitude，learning，and instruction，III：cognitive and affective process analysis. Hillsdale：Lawrence Erlbaum Associates，1987.

玩一玩

陌生人的安慰

《陌生人的安慰》是一款让人学习如何向陌生人提供安慰，以及如何接受陌生人安慰的游戏。它可以在带蓝牙的掌上电脑和手机上玩，每当身边几公里范围内出现其他玩家时，游戏就会用耳机或听筒提醒你。掌上电脑自动检测你身边的其他玩家，并登记你的命是增加了还是减少了。一半的玩家是“爱人”，组成一支团队；另一半的玩家是“舞者”，组成另一支团队。如果你遇到自己团队里的玩家，你就会得到一条命；但如果你遇到对方团队的玩家，你就会失去一条命。

《陌生人的安慰》采用匿名方式：你下载并启动应用程序，漫步城市的街道，完全不知道还有哪些人、多少人在玩。这个游戏没有图像或屏幕显示，你可以把掌上电脑放在衣兜里悄无声息地玩。你在玩它的唯一迹象是戴着耳机，但因为公共场所使用耳机或耳塞的人越来越多，这也算不上太显眼。

游戏一开始，你并不知道自己属于哪一方。你必须通过耳机低语的声音，跟踪自己生命值是增加了还是减少了来判断自己到底是“爱人”还是“舞者”。每个人最初都有10条生命，等到只有一支团队还有命时，游戏就结束了。

《陌生人的安慰》带来的情绪影响极为强烈。它不仅提高了你对陌生人潜在角色的认知，还唤起了你对他人的真正好奇心和对联系的渴望。刚开始游戏时，你感觉好像只有自己一个人在玩，而每当你遇到另一名玩家时，你总会感到宽慰，哪怕他属于另一方。

——摘编自简·麦戈尼格尔《游戏改变世界》

四、我被“需要”

幼儿园老师发现一个小朋友在厕所门口憋着尿不肯进去撒，老师很奇怪，就问小朋友怎么回事。小朋友脸涨得通红，委屈地说：“在家里上完厕所，妈妈都会给我鼓掌。”老师怎么劝小朋友，都没有用，最后老师灵机一动说：“这里没有妈妈给你鼓掌，那你自己给自己鼓掌好吗？”小朋友一听，就高高兴兴地进去了。出来后，他自豪地给自己用力鼓了三下掌。

儿童生来便是需要“游戏”的，当身边缺乏游戏的时候，上述例子中的老师巧妙地创造了一个游戏。可以说，游戏是儿童生活的一部分。

在古希腊时代，柏拉图（Plato）认为游戏满足了儿时跳跃的需要。美国心理学家斯坦利·霍尔（Stanley Hall）通过比较发现，儿童游戏的发展和人类的进化过程有着显著的对应关系：儿童的爬行活动对应了动物阶段；儿童的追逐、打闹体现了人类进化中的野蛮阶段；儿童使用各种工具进行游戏的时期则对应了农耕阶段；而最后出现的儿童群体游戏形式则是部落阶段的直接反映。游戏的最终目的是帮助儿童摆脱未来生活中所不需要的原始本能，从而提高儿童学习和适应复杂生活的技能①。对于儿童而言，游戏能够使大脑和身体获得刺激，变得积极主动②。

对于成人来说，很多人已经受够了现实，他们朝九晚五，每天都重复着一样的工作，走着同样的路，无聊至极。于是他们成群结队地放弃现实，抽出几个小时，或者拿出整个周末，有时候甚至把每一天每一分钟的闲暇都投入到虚拟空间和游戏中。

越来越多的玩家发现，现实世界越来越差：

① 在现实世界中，哪里才能找到能够完全活出自我、时时刻刻保持专注

---

① ELLIS. Why people play [M]. Urbana：Sagamore Publishing，2011.

② 莫伊蕾斯. 仅仅是游戏吗：游戏在早期儿童教育中的作用与地位 [M]. 刘焱，刘峰峰，雷美琴，译. 北京：北京师范大学出版社，2010.

和投入的地方？

② 在现实世界中，哪里才能拥有超能量的力量感、英勇无敌的目标感和奋不顾身的团队感？

③ 在现实世界中，哪里能够体会到破除万难、共同狙击敌人胜利后的心跳加速的快感？

因此，人们体会到：和游戏相比，现实破碎了①。当前，计算机和视频游戏满足了现实世界无法满足的人类真实需求，带来了现实世界提供不了的奖励。游戏以现实世界做不到的方式教育我们，鼓励我们，打动我们，以现实世界实现不了的方式把我们联系在一起，因此，才会出现人类从现实到游戏的“迁徙”。

延伸阅读

如果把全球玩家在《魔兽世界》自2004年推出以来花在上面的小时数加起来，就得到了500亿小时，约等于593万年。如果把这个数字放在历史的长河里：593万年前，我们最早的人类祖先第一次站起来，从这个角度上看，我们玩《魔兽世界》所花的时间，相当于人类物种演进的时间。

现实中，越来越多的玩家向“游戏”迁徙正在被各种数据所证实。在中国，PC网络游戏用户达到1.3亿人，流行的手机游戏《神庙逃亡2》上线短短4天，在iTunes App Store的销售量就突破2 000万美元。《愤怒的小鸟》全球累计下载量超过17亿次（截至2013年）。游戏已成为现代人们的必需品和必备品。

那人究竟需要从游戏里得到什么呢？

著名心理学家马斯洛（Maslow）在其1954年出版的《动机与人格》中曾经提出“人类的动机需要层次理论”，如图2–3所示。马斯洛根据人类需要的迫切程度，将需要分为类似金字塔的等级，从下到上依次为：生理需要、安全需要、爱和归属的需要、自尊的需要、自我实现的需要。此后，马斯洛

① 麦戈尼格尔. 游戏改变世界：游戏化如何让现实变得更美好［M］. 杭州：浙江人民出版社，2013.

又多次补充完善了其理论结构，增加了“认识和理解的需要、审美的需要”[①]。他认为人的需要可以按照先后顺序排成一个阶梯，人只有在满足低层次的需要后才会产生高层次的需要。

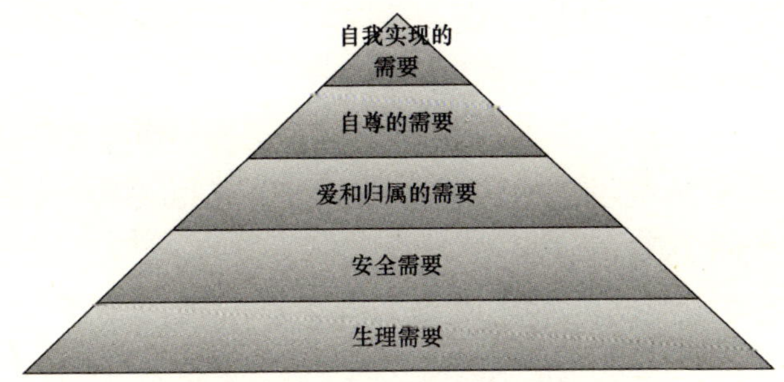

图 2-3　人类的动机需要层次理论

该理论发表以后，产生了重大的影响。我们从需要层次理论中发现了游戏蕴含的秘密武器，如果仔细分析网络游戏中的打杀、聊天、组队、组团、练功、升级等活动，就可以看出网络游戏满足了不同玩家的不同层次的需要[②③]。

① 在游戏中的攻击行为，满足了生理需要。

② 由于网络的匿名性，在进行各种活动时满足了安全需要。

③ 在游戏中，通过互相帮助、组队打怪、组团抗暴等活动，满足了爱与归属的需要。

④ 通过不断学习，练习技术，得到很高的分数，或者达到很高的级别，受到其他玩家的赞赏和肯定，满足了自尊的需要。

⑤ 不断地向难度更高的游戏挑战，通过游戏实现梦想，开拓潜能，在虚拟游戏中满足自我实现的需要。

⑥ 通过在游戏中学习新的知识，满足了认识和理解的需要。

⑦ 在游戏中，可以改变自己的外形，使人物更加生动活泼，游戏内容更富情趣，从而满足了审美的需要。

---

① 马斯洛. 动机与人格［M］. 许金声，程朝翔，译. 北京：华夏出版社，1987.

② 陈怡安. 线上游戏的魅力［J］. 资讯社会研究，2002（7）：183－214.

③ 翟本瑞. 逃到网中：网络认同形成的心理机制研究［C］//第四届信息科技与社会转型研讨会论文集. 台北：中研院社会研究所，2001：135－153.

游戏设计师理查德从人的角度解释了游戏同样被需要[①]。

① 人需要挑战。人们希望面对挑战并战胜挑战。

② 人需要交流。游戏的根源及其吸引力的重要部分是它的社会性，人们玩游戏是为与家人和朋友进行交流，这是人们更喜欢多人游戏的原因。

③ 人需要独处的经历。人们虽然爱交流，但是有时候也因为种种原因希望寻找独自享受的机会。不过，这一点和看书、看电影等娱乐形式不一样，因为此时人们和计算机还存在着交流，游戏可以模拟人的反应，而人们又可以随时开始和停止游戏。

④ 人需要炫耀的权利。人们玩游戏也是为了赢得尊重，当在游戏中迎接挑战并胜利的时候，会产生很强的自我满足感，会认为自己能够做得很好。

⑤ 人需要情感体验。人们在玩游戏的时候也在寻求情感体验，如面对冲突时的兴奋和紧张、老是完不成任务时的失望、成功后的喜悦。人们想要的是游戏带来的感觉，这感觉不必是积极的或幸福的，失败也是一种特殊的感觉。

⑥ 人需要幻想。事实上，很多人都想要进入一个比现实世界更为精彩的虚幻世界中，而一个设计良好的计算机游戏，能够使人真正有机会过上幻想中的生活。而且，这个虚拟生活是排除了枯燥细节的“纯洁生活”，他们在其中可以扮演英雄或罪犯，可以改变历史……而这一切不需要在现实社会中付出任何代价。

五、迟来的告别，不变的坚持

2015年6月9日，被广大游戏爱好者称为“人皇”的李晓峰（游戏id：Sky）在博客上发表长文宣布正式退役[②]，正式退出war 3项目，为个人的职业生涯画上了一个句号，同时也开启了一段新的与游戏相关的旅程，创办专

① 理查德. 游戏设计：原理与实践［M］. 尤晓东，译. 北京：电子工业出版社，2003.

② 李晓峰. 迟来的告别，不变的坚持［DB/OL］（2015-06-09）［2019-07-15］. http://blog.sina.com.cn/s/blog_48fb9c130102vuyc.html.

注电子竞技装备的上海钛度智能科技有限公司，担任首席执行官。

在20世纪八九十年代出生的游戏玩家心目中，Sky是一个里程碑式的人物。李晓峰有过灰色的童年，有一位严厉而宽容的父亲，是游戏让他的眼前一亮。他不认命，为了梦想，他开始挣扎，于是就有了2005年岁尾的那一幕：在西安“ACON5世界电子竞技大赛”war 3项目中夺冠，全世界都记下了他的名字。

同年，他和韩寒、朗朗、丁俊晖等共同成为“时尚先生”。

1985年5月16日，Sky诞生在河南省的一个小县城——汝州市。他的父亲是汝州市第一人民医院的医生，母亲原来在酒厂工作，1998年中国国有体制改革阶段下岗了①。

Sky小时候住的那个街区的孩子总是到处打架惹事，Sky慢慢地也成了他们中的一员。偷奶奶的“袁大头”换成钱，旷课打游戏机，学习成绩差强人意，这些都让望子成龙的父亲心急如焚，巨大的压力让人到中年的父亲脾气暴躁，而当时只有十几岁不懂事的Sky就成了经常挨打的对象。

上初中的时候，Sky每天把早餐钱节省下来，买两个游戏币，去玩《三国志》——“就是那个能摇操纵杆吃包子的游戏!”（Sky曾经这样说起这款游戏）。

1998年，Sky的表弟向Sky介绍了他正在玩的一款电脑游戏《星际争霸》，Sky很快就迷上了这款世界游戏史上的经典大作，他的命运也在那一刻和电子竞技②绑在一起了。

“1998年初识电竞，2004年开始职业生涯，2005年首夺世界冠军……距离那个被无数次重温的WCG（世界电子竞技大赛，world cyber game）世界冠军，也已经整整10年过去了。”Sky在其博客中写道。他与游戏结缘已经17年，在这17年中，他征战南北，在中国、法国、新加坡等地举办的各种赛事中获得冠军，在WCG取得的优异成绩将他推上了全球电子竞技的最高

---

① 新浪游戏. 当他成为Sky：访著名魔兽选手李晓峰[DB/OL](2015-10-12)[2018-12-18]. http：//games. sina. com. cn/e/n/2005-10-12/1347128767. shtml.

② 电子竞技是以竞技类电子游戏为基础，以信息技术为核心，以软硬件设备为器械，在信息技术营造的虚拟环境中，在统一的竞赛规则及在规则保障下公平进行的对抗性电子游戏比赛。2003年11月18日，国家体育总局正式批准，将电子竞技列为第99个正式体育竞赛项目。2013年3月，体育总局组建一支由17人组成的电子竞技国家队，出战第四届亚洲室内和武道运动会。

峰。可以说，这 17 年也是他成长的关键性的 17 年，他从一位初中生迈入而立之年，与其他上高中、上大学的人不同，他选择了游戏作为其职业。他说："曾几何时，我也幻想过能和那些我喜爱的 NBA 巨星一样为了热爱的竞技项目拼到 40 岁，甚至是一辈子……"

在聚光灯和媒体的话筒之后，人们除了看到 Sky 在比赛中厮杀的一面，也看到了厮杀背后的故事，他的各种励志故事层出不穷。2012 年，《当李晓峰成为 Sky》出版，小说销量曾上排行榜第一，这是世界上第一位电子竞技选手出版的书。书中以第一人称的方式讲述了他个人背后一些鲜为人知的故事。

2002 年 WCG 西安选拔赛上，Sky 在第一轮就被淘汰了，他当时几乎绝望了，走出赛场时看着身边三层楼高的窗台真想一闭眼跳下去。因为在此之前 Sky 几乎把郑州大大小小的比赛冠军奖杯都拿完了，开始梦想着能成为职业电子竞技选手，也因此，Sky 和家人的矛盾进入白热化阶段，最后他对父亲说，假如这一年的 WCG 拿不到好的名次就从此不再玩游戏了，老老实实回家乡跟父亲在医院里实习做医生。所以第一轮被淘汰，就意味着 Sky 的梦想被彻底碾碎了。

因为 2002 年的 WCG 各分赛区比赛时间不一样，而且不限制报名资格，这让 Sky 有了第二次参加分赛区比赛的机会。为了守护自己的梦想，为了向家人证明自己，为了能将命运掌握在自己手中，Sky 冲向 WCG 武汉赛区。付了来时的火车票款、交了报名费后就只剩下十几块钱了，连回去的路费都不够了，偏偏这个时候，Sky 又遇到水土不服、发高烧，需要买消炎药，幸好有朋友帮忙，他才顺利渡过难关。比赛结束了，Sky 只获得了季军。因为只有每个赛区的前 2 名才有资格去北京参加 WCG 中国总决赛，所以这次 Sky 又失败了。他信守对父亲的诺言，回到家乡，进了医院，开始实习。

然而，他终究不甘心。2003 年他赢得西安 WCG 分赛区冠军，让他又看到了希望。他又踏上了电子竞技之路。

"天将降大任于斯人也，必先苦其心志，劳其筋骨，饿其体肤。"在电子竞技这一行业也不例外。Sky 在家人的反对声中，在一次又一次的失败中，更加坚定了自己的梦想，抓住一切机会向前进。他为此特别能够吃苦，在最艰难的时候，他和队友们一天只吃一顿饭，睡在网吧的仓库里，每天连续训

练十几个小时。在那个时候，玩游戏不是休闲娱乐，而是一种事业，更是一件要证明自己的事。

2013 年，最后一届 WCG 落幕，Sky 似乎也跟着失去了目标。玻璃房、聚光灯、领奖台，一次次响起的 *Beyond the game*，胜利时的酣畅，失败后的苦涩，那些赛事、奖杯、荣誉，随着岁月的流逝都逐渐淡出了他的生活。他不止一次地自问，跟随着 WCG 一起成长的他，未来应该怎样？

幸运的是，虽然离开了职业竞技，但在电子竞技中磨炼的心智、锻炼的精神却能够陪伴他一生。就像他本人所说，他做的每一件事都从未偏离过竞技追求，那就是“只争冠军”。可以说，17 年的职业游戏生涯让 Sky 学会了坚持，更学会了拼搏，从来不甘平凡的他，抱着“只争冠军”的竞技精神，发挥他对游戏体验的理解，踏上了游戏装备的品牌创业之路。他要为中国电竞玩家打造最牛的电竞装备。他用那些体育界最耀眼的明星来鞭策自己，乔丹、李宁等前辈，那些同样作为单项运动旗帜的选手在体育装备领域取得的巨大成就时刻激励着他前进。

延伸阅读

Beyond the game*
越是美丽就越想拥有
它却更能轻易从你我手中溜走
越是追却越来越远
配合你的心跳找出新的起点
是否忽略了现在
让沉睡醒来
Beyond the game
你要超越的就是现在
注定我们从来不会失败
让我们激情燃烧整个世界

Beyond the game
去感受属于你的喜悦
伤口不会把你我击退
就让自己主宰整个世界
Beyond the game
Beyond the game
The world cyber games!
有一双无形的手
让本不同的你我一起战斗
这是决定命运的前提
对于胜利我矢志不渝
未来只是未来
我只需要今天
Beyond the game
你要超越的就是现在
注定我们从来不会失败
让我们激情燃烧整个世界
Beyond the game
去感受属于你的喜悦
伤口不会把你我击退
就让自己主宰整个世界
Beyond the game
你要超越的就是现在
注定我们从来不会失败
让我们激情燃烧整个世界
Beyond the game
去感受属于你的喜悦
伤口不会把你我击退
就让自己主宰整个世界

Beyond the game
Beyond the game
The world cyber games!

*Beyond The Game 是 2004 年 WCG（World Cyber Games） 主题曲

李晓峰只是众多中国电子竞技队员中的一员。对于怎么会成为一名电子竞技队员，或许他本人都没有想过。当游戏成为一种工作时，它本身已经不再是游戏了，工作毕竟会有不情愿的成分，肯定也会有职业倦怠。

当游戏脱离了它的非实利性时，是否还能称为游戏？李晓峰等人似乎给了我们一个答案。当游戏与电子竞技通过“只争冠军”的精神联系在一起时，游戏虽散场，而精神会永存。

第三章 游戏与学习

游戏的预演论认为，生物体在出生时只具备十分有限的生存技能，为了使其能应对未来的复杂生活，需要一种安全且有效的练习形式，而游戏则恰好满足了这一练习需求[①]。学习正是人在生活过程中，通过获得经验而产生的行为或行为潜能的相对持久的行为方式。从这点上看，游戏与学习是一致的，都是为了适应复杂生活而进行的调整行为。

① GROOS，BALDWIN E，BALDWIN J. The psychology of animal play［M］. Montana：Kessinger Publishing，2010.

一、一段并不短的历史

在古代，学习和游戏的关系是非常密切的，几乎是不可分离的，游戏本身就具有教化功能。古时候的军事演练，一般采取多种方式，有些方式就带有游戏的性质。比如蹴鞠游戏，早在距今四五千年的黄帝时代就已出现。最初，它很有可能是一种军事体育活动，通过嬉戏，以训练士卒，识别有才之士。又如拔河，原来叫“牵钩”，也与军事活动有关，真正源头可能是上古时代人们的渔猎活动①。在没有发明弓箭以前，人们主要以投击石块来狙击飞奔的禽兽，为了提高投掷的精准度，自然要进行类似的训练。古老的击壤游戏，很可能就是从这种活动中演变而来的。训练中有游戏，在游戏中训练或选拔，这构成了最原始的游戏与学习的关系。我们也看到，一部分游戏正来源于日常生活中的训练或学习。

当游戏从生活中抽象出来，适当地完善相应的规则之后，即被用于其他内容的学习中。

我国古代最著名的教育家孔子就非常强调游戏在学习中的重要性，他认为“知之者不如好之者，好之者不如乐之者”，学习的最高境界应该是达到“乐”的境界，其“知者乐水，仁者乐山”对后世文人的山水之游产生了很大的影响。他统一了知、仁与乐，不仅实行包括游戏在内的全面发展的教育，更把游戏作为一种教学手段，重视游戏的人格教化作用。孔子说，“志于道，据于德，依于仁，游于艺”，钱穆认为这可以看作是孔子教学之条目，从教学而言，首先要游于艺，继而依于仁，然后始知有德可据，有道可志。②“游于艺”意即游憩于礼、乐、射、御、书、数六艺中。

---

① 李屏. 中国传统游戏研究：游戏与教育关系的历史解读［M］. 太原：山西教育出版社，2012.

② 钱穆. 论语新解：［M］. 成都：巴蜀书社，1985.

延伸阅读

孔子的德育与游戏

孔子从小在其母亲的严格教导下认真学习礼乐，以至孔子在游戏时也和别的孩子不一样。

《史记•孔子世家》载，“孔子为儿嬉戏，常陈俎豆，设礼容”，意为孔子喜欢玩模仿成人祭祀的游戏①。

在孔子看来，人们需要通过各种游戏打发闲暇时光，正是因为如此，在孔子的教育中，时常有“游戏”的影子，如在《礼记・射义》中表现了他使道德礼仪与游戏相结合的观念。他还教育学生要注意把平时的谦让有礼与体育的竞争精神结合起来。他曾说：“君子无所争。必也射乎！揖让而升，下而饮，其争也君子。”大意就是说，君子是无所争的，可是非争不可的那就是射。但这种“争”，非同于一般的“争”：赛前相互礼让而上，赛后下而共饮，这种“争”是君子之争，是不足非议的。

在古希腊语中，有两个表示教育的词：一个是 agoge，指的是指导、约束、管教，相当于斯巴达式的严格训练；另一个是 paideia，源自词根 pais 和 paidia，其中 pais 意为儿童，paidia 意为儿童运动或游戏②。

古希腊作为西方文明的发源地，诞生了苏格拉底、柏拉图和亚里士多德三位在世界哲学史和教育史上享有盛名的哲学家和教育家，史称“古希腊三杰”（简称“三杰”）。

在“三杰”教育思想的影响下，雅典时期的古希腊教育就是一种倾向于 Paideia 的教育，它并不是一种教师强迫儿童的教育活动，而是一种既强调儿童游戏和活动，又注意教师指导和监督的教育形式，旨在让儿童的身心在

① 李屏. 中国传统游戏研究：游戏与教育关系的历史解读［M］. 太原：山西教育出版社，2012.

② 徐媛媛. 古典时代雅典的教育及其影响［D］. 沈阳：辽宁大学，2007.

教育中得到自然和谐的发展。“三杰”认为，教育的根本目标是陶冶人的美德，训练人的理性，以适应国家政治统治的需要，从而建立一个充满“正义和智慧”的“理想国”。为了实现这个目标，“三杰”提出了以理性教育与和谐发展为核心的教育思想体系，这正是教育与生活、游戏紧密相连的体现。

古希腊的雅典时期非常重视游戏在儿童教育中的地位，为了促进儿童进行有组织的运动游戏，城邦还专门为儿童提供游戏场所，帮助儿童促进身体的发育，同时在游戏中培养儿童的尚武精神。即便是进入了正式的学校，儿童依然能够受到与生活、游戏息息相关的体育、音乐等形式的教育。在体育学习中，他们组织各类赛跑、跳跃、角力、掷标枪等竞技游戏；在音乐学习中，他们学唱诗歌，弹奏乐器，开展歌舞表演……

在学校开展体育、音乐等非智育学习活动，还能帮助儿童更好地安排自己的闲暇时间，促使他们选择积极健康的游戏娱乐方式，避免沾染不良的游戏娱乐方式。

在古希腊的学校教育中很早就出现了用游戏传授知识的例子，如用猜谜语的方式教儿童学习希腊字母、举行诗歌比赛帮助儿童背诵诗歌、采用字母演唱法教儿童读和写等。这些从生活和游戏中借鉴而来的教学方法，对当前的教育教学依然有很强的借鉴意义。

延伸阅读

希腊“三杰”教学中的游戏经验

苏格拉底从产婆接生这一生活实践中悟出了启发式教学方式（或称“产婆术”），强调在轻松愉悦的氛围下以谈话的方式，通过与学生不断反诘和归纳，引导学生独立思考问题，让学生自己得出问题的正确答案。苏格拉底结合儿童喜欢嬉戏玩耍的天性，将游戏与知识传授结合起来了。

柏拉图在谈到儿童教育时明确指出，“请不要强迫孩子们学习，要用做游戏的方法，你可以在游戏中更好地了解到他们每个人的天性”，因为“被迫进行的学习是不能在心灵上生根的”。

亚里士多德也指出，“儿童们能够进行的所有运动对他们都有益处”，“各种各样的嬉戏玩耍应当是他们日后将热心投入的人生事业的仿照”。

二、从游戏中学到什么

1952 年，在现代电脑面世还不足十年的时候，第一款电子游戏诞生了。这是一款运行在真空管电脑的井字棋游戏。

1958 年，第一款互动游戏——《双人网球》(*Tennis for Two*) 诞生了。虽然说它是网球游戏，但它实际的画面却比较类似现代的气垫台。

1962 年，麻省理工学院的学生史蒂夫·拉塞尔和他的几位同学一起设计出了一款双人射击游戏——《太空大战》(*Space War*)，这是世界上第一款真正意义上的可娱乐性质的视频游戏，如图 3－1 所示。《太空大战》在 PDP－1 小型机上运行。PDP－1 小型机非常昂贵，只有政府、规模相对较大的大学或企业才会购买，所以当时能够玩上《太空大战》的人非常少。

之后的 10 年间，也有一些电子游戏诞生，但都由于平台不够普及、技术限制等原因，玩游戏仅是少数人享有的特权。

一直到了 1971 年，世界上第一台电子游戏专用机在麻省理工学院诞生了。电子游戏作为一项独立的事业，在市场强大需求的呼唤下，蓬勃发展起来。

图 3－1 世界上第一款电子游戏——《太空大战》

延伸阅读

电子游戏的早期发展

第一台电子游戏专用机（街机），其上的游戏名称叫《电脑空间》（*Computer Space*），由当时的在读学生诺兰·布什纳尔（Nolan Bushnell）设计。

《电脑空间》的主题是两个玩家各自控制一艘围绕着具有强大引力的星球的太空战舰向对方发射导弹进行攻击。两艘战舰在战斗的同时还必须注意克服引力，无论是被对方的导弹击中还是没有成功摆脱引力，飞船都会坠毁。这台游戏机用一台黑白电视机作为显示屏，用一个控制柄作为操纵器。

诺兰·布什纳尔以《电脑空间》游戏为基础，成立了世界上第一个电子游戏公司——雅达利公司。第一代电子游戏机体积较小，画面质量一般，且无法更换游戏的内容。

1977 年前后，该公司也推出了可以更换游戏内容的电子游戏机，但由于后期游戏质量失控，雅达利公司走了下坡路。尤其是日本任天堂公司于 1983 年研发出了第三代电子游戏机，该游戏机以其精美的画面质量征服了世界，把雅达利公司几乎挤出了游戏界。北美游戏业转向了 PC 游戏，任天堂一夜之间成为全世界最大的游戏机提供商。

随后还出现了世嘉、索尼、微软等游戏厂商，它们相互竞争，在通信技术的支撑下，不断推出优质的游戏机，目前仍占有较高的市场份额。

专用电子游戏机迅猛发展，不断地瓜分电子游戏市场。相反，虽然第一款真正意义上的电子游戏诞生于计算机系统，计算机 CPU 运行速度也比电子游戏机更快，但由于没有图像专用芯片，计算机成本又很昂贵，所以计算机游戏一度发展缓慢，远不及专用电子游戏机普及得快。

但是，计算机游戏有一个游戏机无法比拟的优点，即计算机与计算机之间的连通性非常好，所以游戏的网络化便毫无疑问成为计算机游戏发展的不二选择，也是唯一可能使计算机游戏在电子游戏市场占有一席之地的核心竞争力。

1979 年，英国埃塞克斯大学的特鲁伯肖（Trubshaw）编写了世界上第一款基于文字的多用户空间游戏（multi-user dungeon，MUD）——MUD1。MUD 体现了计算机游戏的两个特点：一是文字显示，二是多用户。这两个特点正好发挥了计算机方便联网的长处，也规避了计算机缺乏图像显示技术的不足。尽管如此，只有文字的 PC 游戏显然不是电子游戏机的对手，那时市场仍是电子游戏机的天下。

随着计算机技术和互联网技术的发展，日益兴起的网络游戏和社区游戏成为 PC 游戏的强心针，与电子游戏机共同分得电子游戏的市场。

近年来，电子游戏（含街机、计算机、网络游戏等）逐渐风靡全球，同时也吸引了心理学、教育学、社会学、医学等学科的研究者，他们从不同角度对游戏及其价值进行了深入的研究。毫无疑问，游戏能让玩家全身心投入复杂问题的求解之中，让不同玩家之间能够相互协作，相互竞争，让他们能够创造性地思考并追求目标的实现。如果能将游戏的这些特性用于学习，效果绝对会很好。

马克·普伦斯基（Marc Prensky）是电子游戏在学习领域研究和应用的先驱，也是国际知名的演讲者、作家、顾问和设计师，是 games2train.com 的奠

基人、首席执行官和创意总监。该公司的客户包括 IBM、诺基亚、美国国防部、美国辉瑞制药。普伦斯基已开发了 50 多种用于学习的游戏软件，包括世界上第一个基于动作类电子游戏的培训工具和多玩家、多团队的在线竞赛游戏。他的著作 *Digital Game-based Learning* 是游戏化学习研究的重要参考文献。普伦斯基指出，游戏可以传授大量的技能，包括问题解决、语言和认知技能，决策能力，多任务处理能力及协作能力。普伦斯基详细分析了现在流行游戏的积极功能，包括有争论的游戏《侠盗猎车》，试图消除父母对孩子因为游戏而沉迷、缺乏社交、具有攻击性的顾虑。孩子能够从电子游戏中学到许多重要的"未来"的东西，包括合作、谨慎的冒险、策略制定和执行、复杂的道德和伦理决定。

詹姆斯·保罗·吉（James Paul Gee）是威斯康星大学麦迪逊分校的教授。他被《高等教育编年史》誉为"引领一个新兴领域的严肃学者"，已经成为当今电子游戏研究领域的重要专家。他在《为什么视频游戏对你的灵魂有好处》一书中指出，好的视频游戏允许人们创建自己的"人生乐章"，依据他们自己的行动、决定和感情而编写自己的交响乐；允许人们改变自己的职业，像一个职业士兵、城市规划者、世界建造者、小偷、硬汉、巫师等一样去感觉和行动；允许人们从混乱中创造出秩序，获得和感受掌控权，创建新的自传、职业和历史①。在《视频游戏如何教我们学习和读写》一书中，詹姆斯·保罗·吉给出了视频游戏产生了更好的学习条件的 36 个原因。

大卫·威廉姆森·谢弗（David Williamson Shaffer）是威斯康星大学麦迪逊分校学习科学的副教授，同时也是学院高级分布式学习合作实验室的游戏科学家，曾经担任过教师、课程开发者、教师培训者和游戏设计者。大卫·威廉姆森·谢弗在《计算机游戏如何帮助儿童学习》一书中，分析了一些特殊的视频和计算机游戏（如 *DigitalZoo*、*The Pandora Project* 等）如何帮助教导儿童和学生像医生、律师、工程师、城市规划者、记者等一样思考，在游戏过程使他们获得未来世界所需要的知识和技能。

综合起来看，游戏之于学习的作用主要体现在以下几个方面。

---

① 马红亮. 电子游戏的教育价值：来自美国研究的新观点［J］. 开放教育研究，2009（1）：105－109.

1. 提高学习的兴趣

很多学生学习起来动力不足，但玩起游戏来却动力十足，甚至不吃不喝，通宵达旦。游戏能够将学生从枯燥的课本学习转到虚拟的生活情境当中来，并且加入了很多激发学生动机的因素，通过画面、故事情节的有效整合，能够激发学习者的学习动机，提高其学习兴趣。例如，罗塞尔（Rosser）博士曾研究玩游戏是否能够帮助人们成为更好的外科医生，他发现游戏富有沉浸性和黏性的特点能够使儿童对数学和科学更感兴趣①。

2. 促进知识的掌握

游戏是生活世界的虚拟化，同时也是文化蕴藏的体现及人类知识情趣化的表征与新的、变异的传递方式。大部分游戏实际上都蕴藏了丰富的社会文化生活知识和专业知识。例如，猜谜语，谜面的句子中就融合了一些传说故事或浓缩了一些生活现象，反映了谜底的特点，谜底或是字，或是一种物，儿童玩这些游戏，既有助于知识的掌握，也有助于传唱故事。

3. 锻炼手眼互动等基本能力

游戏可以培养学习者的手眼互动等基本能力。在游戏中，由于需要不停地移动和躲避，所以自然能够培养手眼互动能力；由于经常要同时处理来自各个方面的信息，所以能够培养平行处理能力。一些体育类游戏，如拔河、篮球，还能够锻炼身体素质。

4. 培养问题解决能力

游戏里充满了挑战，无论是练功、打怪还是寻宝，都需要游戏者综合各

---

① 埃尔金德. 游戏的力量：玩出创造力与竞争力［M］. 胡玉立，译. 重庆：重庆出版社，2011.

种信息，千方百计地解决问题，完成任务。许多专家认为游戏可以提高游戏者的逻辑思维和问题解决能力。在游戏中，分组协作和任务驱动可以很容易地实施。随着游戏经验不断积累，游戏者逐渐开始使用目标策略来解决问题，游戏化的学习环境有助于问题解决能力的训练。一些冒险类游戏给游戏者提供了开放的结局，这对验证问题假设和提高问题解决能力很有用。

5. 培养创造力

游戏能够增强游戏者的创造性。社交平台（如优酷、人人和微博）的视频和计算机游戏互动能够帮助人们进行创造性表达，游戏本身也开始成为一种创意媒介。许多游戏都设有活跃创意社区，游戏者能够使用复杂的工具设计自己的等级。麻省理工学院教授亨利·詹金斯（Henry Jenkins）曾阐述游戏如何提供表达场所，这是其他艺术和媒体形式所没有的。

6. 为体验学习提供可能

在游戏中，游戏者从自己的经验和个性出发，通过扮演不同的角色，体验到不同的经历，并运用智慧不停地闯关，或者与网络上的某人合作完成一个个任务。虽然游戏的过程是虚拟的，但是给游戏者带来的感受和情感却是真实的，给了游戏者体验和“重来”的机会，也为体验学习提供可能。

7. 训练领导力

如今的现实社会，商业与网络游戏越来越类似，完成现实生活中的工作就与网络游戏中的升级有了共通之处。研究表明，游戏为领导力的训练提供了更加安全的场所。同时，在游戏中获得的领导力与现实中的领导力有正相关关系。

如果说上述这些是专家的言论的话，那么以色列的教育科技创业孵化器（MindCET）在一篇关于儿童和游戏的报告中，便提供了对 1 019 名 6～18 岁阿拉伯语和希伯来语年轻人进行访谈的结果[①]。这些年轻人在被问及玩电子游戏让他们学到了什么时，有人回答说，游戏让他们学到了数学、科学、历史、语言的内容知识；有人回答说，游戏让他们学到了技术技巧，例如如何建造建筑物，如何省钱，如何产煤，如何制作冰淇淋等；也有人回答说，游戏让他们学到了计算机技能，例如如何快速打字，如何搜索互联网，如何寻求帮助；还有人回答说，游戏让他们学到了情感和社交技能，例如学会如何尊重他人，学会如何帮助他人，学会如何克服碰到的困难。

游戏的前景在于，无论是小孩还是成年人，参与度都能得到提高，能够让他们积极培养技能，学习内容，参与互动。

三、游戏与大脑

电子游戏如此风靡，且具有令人惊叹的学习价值，让研究者与实践者为之一振。游戏是受教育人群非常喜欢和广泛采用的主要休闲活动。通过在业余时间的游戏活动，学生不可避免地、不自觉地会获得一定的知识、技能和价值观念。因此，现在的教育系统和教师决不能忽视游戏。

国内的研究者也发现，教育系统中的教师、校长都对游戏的教育应用持积极乐观态度，并且愿意尝试。一线教师迫切希望学校能够支持他们进行新的教学方法的引入和实践，并在教学中推广新的游戏[②③]。

近年来，信息技术的飞速发展，让人们不得不更加重视技术对学习的促进作用。《国家中长期教育改革和发展规划纲要（2010—2020年）》指出，“信息技术对教育具有革命性的影响，必须予以高度重视”。随着《教育信息化十

① 美国新媒体联盟．地平线报告［EB/OL］（2014－05－10）［2018－01－20］．http：//www. nmc.org/publication/nmc-horizon-report-2014-k-12-edition/.

② 高岚岚．福建农村小学教师教育游戏应用调查与分析［J］．漳州师范学院学报（自然科学版），2009（4）：164－167.

③ 尚俊杰，蒋宇．发达地区中小学校长教育游戏应用意见调查［J］．电化教育研究，2010（8）：100－105.

年发展规划（2011—2020 年）》的推出，信息技术与教育变革在我国自上而下、自下而上轰轰烈烈地实践开来。

但是，在高等教育、基础教育、互联网教育等领域，它们各自的教育信息化都存在一些问题，原因就在于“人究竟是怎么学习的？”这一根本性问题没有解决，就试图去达到人们的根本性目的，所以很难[①]。而任何关于学习的研究都必须回答“学习是如何发生的”和“如何促进学习”这两个问题[②]，近年来兴起的学习科学融合神经生理学、心理学、教育学等学科，试图连接人脑与外界学习实践。

一涉及大脑的研究，就让人觉得离我们很遥远。诚然，美国教育心理学家加涅的信息加工理论虽然用计算机模拟了人脑，但至今仍没有人验证短时记忆和长时记忆存在脑的具体哪个位置。就算是弄清楚了大脑中什么区域控制运动，什么区域调节情绪，但是仍没有弄明白人究竟是如何掌握一种能力的。研究大脑对现代科学研究来说，还有很长的路要走。

电子游戏从媒介角度上说也是一种信息技术，当要将电子游戏用于学习时，也不得不面临这个根本的问题。

大多数人都听说过，“看屏幕太久，会导致视力下降”。

也许你是视觉方面的专家，知道如何检验这个说法，可以在实验室中测出你的视力到底怎么样。不经常玩游戏，也不经常看屏幕的人，视力正常，或者说定义为正常，这没问题。而每周花 5 小时、10 小时、15 小时沉迷于游戏的那些人，根据刚才的说法，那些人的视力应该很差。实际则相反，那些人的视力居然非常好。甚至比不玩游戏的人视力还要好。其实我们身边也有这样的例子，就是上大学时不戴眼镜的同学，玩 4 年计算机游戏后，毕业时仍不用戴眼镜。

有研究表明，游戏玩家的视力好体现在两个方面。其一是他们可以在杂乱中看到细节。也就是说，在看药品说明书上的小号字的时候，她们不需要放大镜，靠肉眼就能看清楚。其二是他们能够分辨不同的灰度。想象一下在大雾中开车，有分辨灰度的能力能够让你分辨前方汽车，意味着你能避免车

---

① 尚俊杰，庄绍勇，陈高伟. 学习科学：推动教育的深层变革［J］. 中国电化教育，2015（1）：6－13.

② 赵健. 走向学习、认知与技术研究的深度融合：《教育传播与技术研究手册（第三版）》第三部分述评［J］. 远程教育杂志，2010（3）：30－36.

祸的发生。

对于玩动作电子游戏的人来说，玩游戏的时间长并不意味着视力变差。

另一个说法是电子游戏会让人难以集中注意力。

那如何来测量注意力呢？我们一起来体验一下这个《看字说颜色》游戏。

> 屏幕上播放出一个汉字，一个表示颜色的汉字，但是这个汉字的颜色与这个汉字本身表示的颜色不同。比如说，“绿”字是用蓝颜色写的，“红”字是用黑颜色写的。请你说出这个汉字的颜色，比如说，用绿颜色写出的“黄”字，你得说出“绿色”。
>
> 在这个游戏中，文字本身的含意和它字体的颜色是矛盾的。在做这个游戏的时候，刚开始很慢时，你可能说得对，但当要求把速度提高的时候，你不一定能够及时反应过来。你的注意力有多集中决定了你能多快解决这个矛盾。《看字说颜色》游戏如图 3–2 所示（彩图见封底）。

绿	红	黄	蓝	绿
黑	黄	红	绿	蓝
绿	蓝	绿	黄	红
红	黄	蓝	绿	蓝
黄	绿	红	蓝	黄
蓝	红	黄	红	黑

图 3–2 《看字说颜色》游戏

普通人和经常玩游戏的人一起做这个游戏的时候，经常玩（动作类）电子游戏的人能更快地处理其中的矛盾。玩（动作类）电子游戏不会导致注意力产生问题或是更容易分心。

事实上，动作类电子游戏的玩家在注意力方面还有很多其他优势，其中之一是能够更好地追踪周围的物体，这个能力我们很多时候都会用到。开车

的时候，你在追踪着周围的车子，你也在追踪着行人和奔跑着的狗。

如今可以通过脑成像技术，看看电子游戏对大脑的影响。大脑控制注意力的部分，包括控制注意力方面的大脑顶叶皮层、控制如何保持注意力的大脑额叶、控制如何分配和调节注意力以及处理矛盾的前扣带皮层。脑成像技术发现，游戏玩家大脑的这三个神经网络结构都比一般人更有效率。①

我们都知道"多任务处理"（multitasking）。一边开车，一边拿起手机的"多任务处理"不是明智之举。为什么？因为你的注意力实际上转移到了手机上，于是不能对前面的状况做出敏捷的反应，出车祸的可能性就会大大增加。

通过特殊设计的计算机程序，可以模拟驾车的这种情形，精确到以毫秒为单位，考察人们能多快地在不同人物间切换。当我们做这样的实验时发现，经常玩（动作类）电子游戏的人，切换任务完成得非常好。他们在任务间的切换非常快速敏捷，所付出的代价很小。在科技日益普及的背景下，这些可以"多媒体任务处理"的人相当受社会欢迎。

什么是"多媒体任务处理"？有很多人（包括孩子）会一边听着音乐，一边上网搜索信息，一边和朋友在网上聊天，这就是"多媒体任务处理"。

实验表明，被认为是高效的"多媒体任务处理"者，多任务处理的能力却非常糟糕。他们在实验室里被测试的表现比较差。这样的结果主要说明两个问题。第一，不是所有的媒体都一样，不能把普通媒体对人的影响和玩（动作类）电子游戏对人的影响等同。它们对于认知、知觉和注意力的影响是完全不同的。就算是在电子游戏当中，不同的游戏对大脑的影响也是不同的，所以需要在实验室中测试每个游戏对人的影响分别是什么。第二，所谓的常识很多时候是不靠谱的，就像很多人觉得电子游戏对视力有影响，而实验结果并不是那样一样。从某种意义上说，电子游戏对大脑的影响和酒对健康的影响很相似。动作类电子游戏里也有能对大脑的可塑性，如学习、注意力、视力等方方面面有有利影响的成分，所以现在需要了解这些积极的成分，然后真正利用它们开发出更好的游戏来。

---

① 芭菲莉亚. 电子游戏中的大脑［EB/OL］（2014－04－01）［2018－12－20］. http：//v. pptv. com/show/JaQSkRFbQoDjYck. html?&rcc_src = B3.

延伸阅读

游戏促进认知的心理学解释

皮亚杰提出的认知发展理论认为，人的经验有两种，一种是物理经验，另一种是数理逻辑经验。其中，物理经验是客体自身属性的反应，而数理逻辑经验则是主体通过自己的动作及以后的运算作用于客体后产生的。因此，儿童的认知不是单纯地来自客体，也不是单纯地来自主体，而是主体与客体相互作用的结果。在此基础上，皮亚杰分别从认知结构和发展阶段两方面，对该理论进行了详细的阐释，并论证了游戏在儿童认知发展中的重要作用。

图式（scheme）是个体对世界的知觉、理解和思考方式，是认知结构的核心，有同化和顺应两种发展方式：同化是主体将环境中的信息纳入并整合到已有的认知结构的过程，即通过同化，主体以量的形式丰富了原有的图式；顺应是当主体的图式不能适应客体的要求时，要求改变原有图式，或创造新的图式以适应环境需要的过程，即通过顺应，主体原有的图式实现了质的改变。个体认知发展的过程，归根到底就是认知结构在同化和顺应的作用下协调平衡，最终适应环境需要的过程。

皮亚杰认为，游戏是一种不平衡的状态，同化过程强于顺应过程，即儿童在游戏中总是用已有的经验去同化现实，试图将现实改造成为适合儿童认知水平的世界，尤其体现在儿童象征游戏中①。因此，游戏对儿童认知发展的作用体现在，它促进了儿童对已有知识技能的练习和巩固，儿童如果不能及时进行重复练习，不能在游戏环境中进行融会贯通，那么之前学习的知识技能就很容易遗忘。可以说，游戏不仅帮助儿童将新学的知识技能很好地内化，而且为儿童开始新的学习做好了准备。

① 华爱华. 幼儿游戏理论［M］. 上海：上海教育出版社，1998.

斯坦福大学的凯斯勒（Kesler）教授等应用 Lumos 实验室开发的网页游戏（http：//www.lumosity.com），从行为表现和神经机制两个层面评估了游戏化学习对提升特纳综合征（Turner syndrome，一种先天性染色体异常疾病，患者常存在视觉空间、数学和记忆困难等认知缺陷）患者的数学能力的积极效果[①]。

在行为表现层面，试卷测试结果显示患者的计算能力、数字常识、计算速度、认知灵活性、视觉空间处理能力都有显著提高。在神经机制层面，使用功能性磁共振成像技术（functional magnetic resonance imaging，FMRI）测试显示，实验后患者的脑活动模式发生了较大改变。患者进行数学运算时，大脑的激活区域和不同脑区的激活程度有显著变化，表现出双侧顶叶的活动水平增强，额纹状体和内侧颞叶活动水平降低。

研究者认为，采用这种计算机辅助的游戏化学习方式不仅能够提升儿童的数学能力，还能够改变与数学能力相关的额顶叶脑回路（frontal-parietal brain networks）[②]。

研究还有一项意外的发现，虽然研究者使用的游戏并未涉及视觉空间能力，但经测试发现，被试的视觉空间能力也有显著提高。研究者认为，视觉空间能力的提升得益于数学游戏增强了额顶叶脑区的活动水平，而该脑区的活动水平与人的视觉空间能力相关。

牛津大学的罗伊·科恩·卡多什（Roi Cohen Kadosh）教授发现，儿童的数学能力和大脑额下回的抑制、激活比例成负相关关系，在大脑的右顶内沟却没有发现该相关关系；而成人的数学能力和右顶内沟处的抑制、激活比例成负相关关系，但在额下回却没有发现该相关关系。对被研究对象的大脑额下回和右顶内沟处的神经递质浓度进行磁共振波谱分析发现，伽马氨基丁酸（GABA）和谷氨酸（在动物体内，GABA 几乎只存在于神经组织中，其浓度最高的区域为大脑黑质，是一种重要的抑制性神经递质，参与多种代谢活动，具有很高的生理活性。谷氨酸对神经中枢有兴奋作用）的

① 肖海明，尚俊杰. 学习科学视角下的游戏化学习研究［J］. 中小学信息技术教育，2014（5）：33－36.

② KESLER，SHEAU，KOOVAKKATTU，et al. Changes in frontal-parietal activation and math skills performance following adaptive number sense training：preliminary results from a pilot study［J］. Neuropsychological Rehabilitation，2011（4）：433－454.

浓度与年龄相关。

从脑机制层面揭示游戏对于人脑的功能性和结构性影响，使游戏的学习价值更具有生理学上的解释意义，有利于促进回答“如何促进学习”这一根本问题。通过发现不同类型游戏、游戏中的不同组成要素与人脑变化的相关关系，可以找到游戏促进学习的密码。或许某一天游戏还能成为一把精准的“无创手术刀”，用来重塑人的大脑，定向提高人的某些能力或弥补某些缺陷。

四、不得不面对的现实

CNNIC 从 2007 年起，推出了《中国青少年上网行为研究报告》，较为全面地反映了我国青少年网民网络使用的特点和发展状况。

2014 年的《中国青少年上网行为研究报告》指出，玩游戏是青少年的一项重要的网络应用。玩网络游戏的青少年占青少年网民的比例达到 64.3%，较整体网民中玩网络游戏的比例（56.4%）高出 7.9 个百分点。不同群体青少年网民娱乐类应用使用率如表 3－1 所示。

表 3－1　不同群体青少年网民娱乐类应用使用率

应用	小学生	中学生	大学生	非学生	青少年总体	网民总体
网络音乐	65.7%	***78.6%***	***81.6%***	***77.9%***	***77.5%***	73.7%
网络游戏	***70.9%***	***66.5%***	***59.4%***	***62.2%***	***64.3%***	56.4%
网络视频	55.0%	***67.0%***	***79.8%***	***71.7%***	***69.4%***	66.7%
网络文学	19.9%	***49.6%***	***52.4%***	***49.0%***	***46.9%***	45.3%

注：粗体斜体数字表示娱乐类应用使用率高于网民总体。

小学生成了网络游戏最主要的使用群体，其比例达到 70.9%，高于中学

生、大学生及非学生网民，比网民总体水平高出14.5个百分点。小学生每天都玩网络游戏的比例为17.5%，低于其他群体。小学生每周玩几次游戏的比例为31.4%，超过了其他群体。不同在学状态青少年网民网络游戏频率如表3－2所示。

表3－2　不同在学状态青少年网民网络游戏频率

游戏频率	小学生	中学生	大学生	非学生	青少年总体
每天都玩	17.5%	20.4%	24.3%	***30.6%***	24.9%
每周玩几天	***31.4%***	***24.5%***	16.7%	13.4%	19.6%
偶尔玩	51.1%	55.1%	***59.0%***	***56.0%***	55.6%

注：粗体斜体数字表示网络游戏频率高于青少年总体网民。

数据来源：中国互联网络信息中心。

青少年网民的日均在线游戏时长集中在2小时以内。小学生PC网游日均时长在2小时以内，中学生的日均时长多在1小时以内，而大学生和非学生超过8小时的比例均超过了青少年总体水平，大学生的网络游戏时长主要集中在2～3小时，非学生在3～8小时的也有相当的比例（19.4%）。

与不断增长的网络游戏玩家数量同步发展的还有游戏产业。根据《2018年中国游戏产业报告》称，2018年中国游戏市场实际销售收入达到2 144.4亿元，相比于2008年的185.6亿元，十年就有十几倍的增长。

在中国、印度等亚非洲国家，驱动收入增长的主要是游戏用户的增长，中国的游戏用户规模达6.26亿人。而在欧美等网络较为成熟的国家，既有玩家的付费是收入增长的关键。

随着游戏扩展到所有媒体，娱乐广大受众，游戏不仅仅是游戏，更是娱乐品牌。为了可以跨屏幕在任何时间任何屏幕上游戏，消费者愈加期待游戏与媒体内容能够与他们最爱的游戏相关。

为了满足游戏产业快速发展的人才需求，中国教育部职业教育与成人教育司在2016年9月颁布的《关于做好2017年高等职业学校拟招生专业申报工作的通知》中明确将电竞专业（电子竞技运动与管理专业，专业代码：

670411）定为增补专业，以中国传媒大学为代表的几所国内著名高校，也从2017年开始正式开设“电子竞技”相关专业，宣称要为电子竞技行业培养一批高端的人才。可见，今天的学生已经离不开游戏了。

然而，他们做好准备了吗？长期的应试教育使得青少年过早地承担了极大的压力，学习成为一种负担。一项追踪多年的心理学研究表明，自由自主的游戏时光的缺失使得青少年的内在学习动力下降。一项来自北京大学心理健康教育与咨询中心的调研报告[①]，根据针对北京大学一年级新生（包括本科生和研究生）的调研，得到一组数据：有30.4%的学生厌恶学习，或者认为学习没有意义；还有40.4%的学生认为活着没有意义，“我现在只是按照别的逻辑这样活下去而已”，其中最极端的就是放弃自己。内在动力的下降使得学生主体性缺乏，找不到学习和生活的意义。

今天的学生在游戏无处不在的时代发生了哪些变化？

五、数字土著

2005年，美国学者史蒂文·约翰逊（Steven Johnson）指出，数字游戏日益增强的复杂性有助于刺激大脑神经的改善，数字游戏必须依靠自我摸索才能掌握要领，从而自如行动，需要时时面对一大堆杂乱的信息而做出判断、选择、整合、加工。他认为，体验数字游戏长大的一代人有着与前辈完全不同的全新思维方式——他们的头脑是“超文本式的”，认知是跳跃式前进的。约翰逊在其著作《坏事变好事》（*Everything Bad Is Good for You*）中提出发人深省的假设：如果几百年前我们先发明了数字游戏，而书籍反而姗姗来迟，那么，学者们可能会这样说：读书会造成感觉的迟缓，读书让孩子关门自守而断绝和同龄人来往，读书把被动性广泛植入孩子身

① 徐凯文. 时代空心病：40. 4%的北大新生认为人生没有意义，原因何在？［DB/OL］（2017－04－07）［2019－07－01］https：//baijiahao. baidu. com/s?id＝1563997502099597&wfr＝spider&for＝pc.

上，因为“阅读不是一个主动的、富于参与性的过程，而是一个唯命是从的过程”。

他说的确实很有道理，实际上揭示了游戏体验与阅读书本的不同。读书时内容永远是第一位的，读书的目的是理解内容。而体验游戏时，感受是第一位的，参与的过程所接触的都是隐形的、非结构化的知识，但又不得不去思考和解决问题并及时做出对策。

最早提出“数字土著”（digital natives）概念的是马克·普伦斯基。“数字土著”主要是指那些出生于 20 世纪 80 年代末、90 年代初及其以后的年轻人。他们生活在一个被电脑、视频游戏、数字音乐播放器、摄影机、手机等数字科技包围的时代，并无时无刻不在使用信息技术进行信息交流和人际互动；而那些在网络时代之前成长起来的学习者则被称作“数字移民”[①]。

马克·普伦斯基认为，作为“数字土著”的青少年已经习惯以新的方式去学习。马克·普伦斯基把这种“新的—旧的”学习方式归纳为如下 10 个特征：

- 变动速度 vs 常规速度；
- 并行处理 vs 线性处理；
- 图形优先 vs 文本优先；
- 随机存取 vs 按部就班；
- 关联 vs 独立；
- 积极 vs 被动；
- 玩 vs 工作；
- 取得成功 vs 耐心；
- 幻想 vs 现实；
- 技术是朋友 vs 技术是敌人。

“数字土著”学会了以非阅读方式和情境体验与这个世界互动，与他们的“数字移民”父辈相比，在学习方式上具有明显差异（见表 3-3）[②]。

---

① PRENSKY. Digital natives，digital immigrants part 1［J］. On the Horizon，2001（5）：1-6.

② 陶侃. 我们都是网中人：网络文化与人的发展［M］. 北京：北京交通大学出版社，2013.

表 3-3　数字土著与数字移民的学习方式差异

内容	数字土著	数字移民
信息接收频度	较快，具有快餐式特点	一般，由习惯支配
思维特征	视觉、图形思维优先	文字、逻辑思维优先
交流语言	快捷、随意、幽默或意会	正规、严谨、传统
处理问题方法	模块式、分布式	由表及里，抓住核心
学习方式	非线性随机	线性、非随机
交流模式	擅长互动式、网络探究	擅长面对面交流、讨论
依赖的学习工具	偏好各种数字化工具	需要时才使用数字化工具
学习和娱乐	分界线相对模糊	分界线十分清晰

“数字土著”无论是在信息接收频度、思维特征、交流语言，还是在处理问题方法、交流模式等方面，都非常吻合游戏的特点。

延伸阅读

与“数字土著”有关的几个概念

（1）网络世代（net generation），简称“N 世代”。美国著名数字未来学家唐·泰普斯科特（Don Tapscott）根据出生时间将美国和加拿大的学生分为四代，并把出生在 1977 年 1 月至 1997 年 12 月的一代称为“网络世代”。这一代学生开始进入网络世界里探求知识，找寻自己感兴趣的知识，从被动地接受信息，变为主动地选择信息。“N 世代”不仅具备使用计算机及网络的能力，还必须生活于计算机网络环境。当计算机与网络成为生活的一部分，计算机应用与网络能力成为人们所不可或缺的部分，所有人将会被“N 世代”化。

（2）“千禧一代”（millenials），泛指在 1982—2000 年出生的一代人。他们差不多与计算机同时诞生，在互联网的陪伴下长大。

（3）“Y 一代”是伴随着计算机和互联网络的发展而成长的一代，西方有学者将他们基本定义为 1983—1995 年出生的一代人。在“Y 一代”眼中，世界上没有什么值得寻找的意义，也没有任何界限可以框住人，一切皆无限制。

（4）“数字原住民”是指伴随着数字化技术成长起来的新一代学习者，数字化生存是他们从小就开始的，也是最习惯的生存方式。他们不仅对新技术的应用得心应手，而且学习方式、认知特点也可能和上一代人迥然不同。

当然，也有学者通过研究认为，“数字土著”和“数字移民”在学习风格上并没有群体性差异，在认知能力方面，“数字土著”也没有表现出明显的优势，就算是划分的界线，也不是绝对的清晰。但是尽管如此，我们要看到随着技术在学习中的应用不断深入，我们的学生的确发生了变化，给现行的教育系统带来了不小的挑战，旧有的教学方式已经与这些主动的、社会化的、聪明的并充满动力的学习者不相符合。

马克·普伦斯基认为，应该重新建构新的教育体系来适应这些数字原住民的新变化[①]。面对作为数字原住民的新一代学习者，教师越来越感到无奈，教师所提供的和学生所要的常常不能一致。我们也不得不思考如何将包含游戏在内的技术用在如何促进学习上，而不是停留在争论一些概念上。如何让教育能够适应新一代的学生，他们在游戏中长大，期待从教育媒体得到和玩游戏相同的交互体验。[②]

在游戏与学习领域，学习游戏化的概念至少包含两个方面的含义。

（1）将游戏应用于学习中

应用游戏的教育价值，激发学习动机，借用游戏来培养学生，使学习更有效地发生。

① 曹培杰，余胜泉. 数字原住民的提出、研究现状及未来发展［J］. 电化教育研究，2012（4）：21－27.

② SQUIRE，GIOVANETTO，DEVANCE，et al. From users to designers：building a self-organizing game-based learning environment［J］. TechTrends，2009（5）：34－42.

（2）使学习游戏化

遵循游戏的机制，往没有游戏元素的学习场景中添加/设计游戏规则，提高学生的参与性与沉浸感。

上文中已经看到了游戏与学习的内在联系，在传统的教育观念和实践中，游戏与学习是融为一体的，而游戏化的概念产生于近年来电子游戏的发展。

游戏应用于学习将游戏这一概念从活动中独立出来，成为电子媒介传播的客体，并将这一客体应用于学习进行研究。而在使学习游戏化的场景中，或许你看不到明显的“游戏”存在，而游戏的精神贯穿始终。

美国《国家教育技术规划 2010》（*National Educational Technology Plan* 2010）指出，美国将充分发挥和利用游戏技术，提高学习者的参与程度和动机，并对学习标准中要求的、学习者需要掌握的复杂技能和学业成就进行评估。这被看作政府推动游戏用于学习的标志性事件。

美国新媒体联盟（New Media Consortium）是主要关注新媒体和新技术在各类教育领域教学应用的一个非营利性协会。它的会员由世界著名研究机构、大学和博物馆及跨国企业组成。

20 多年来，该协会和它的会员们一直致力于为学习、研究和创新来探索和开发新兴技术。近些年，在国内引起广泛关注的是该联盟发布的《地平线报告》。该报告于 2002 年发布第一版，旨在勾勒出影响全球教育领域的新兴技术的发展趋势及其对各级各类教育机构在教学方面的影响。随后，该联盟每年发布 3 类不同版本的《地平线报告》，分别聚焦于高等教育、基础教育和博物馆教育。截至 2013 年，新媒体联盟已发布了近 30 个版本的报告，被翻译成多种语言在全球广泛传播。

game-based learning（游戏化学习）是《地平线报告》从 2005 年便列入影响学校的关键技术之一，一直持续到 2007 年。从 2011 年起，游戏化学习连续 4 年入选。报告阐述了游戏化学习将对学校产生重大影响，认为游戏化学习是未来学校学习变化的主要趋势之一。

应用篇

游戏是生活世界的虚拟化，反映了现实生活以及由此时生活环境所营造的经验与活动，并用富有趣味的方式表达出来。

第四章

游戏与知识

知识的获取是学习的首要目的。知识可以说是人类在发展过程中积累的生存经验的理性提炼，是一种间接的经验，而游戏为这种间接经验的习得与操练提供了很好的机会。游戏的过程，也是知识习得的过程。

一、被重组的知识

任何一款游戏，都是对已有知识或者经验的重新组合与呈现。在设计严肃游戏时，一款好玩的严肃游戏是将教学内容或者教材所提供的知识很好地组合起来，而不是将知识或技能硬塞进游戏里。

那游戏是如何将知识进行组合的呢？

1502 年 2 月 21 日，我辞别公主，来到里斯本码头，身边只有一个叫洛克的老水手。我怀里有 1 000 个金币，码头停着一艘小船。将船上的 5 樽胡椒、2 樽水晶卖给交易所老板后，我手头就有了 2 046 个金币。码头师傅提醒我：食物得花钱，淡水免费。每 20 名水手，每天要消耗一舱食物、一舱淡水。

我理当在里斯本买特产的砂糖，出发后沿海岸向东北，到波尔多，把砂糖清舱贩卖，然后满载波尔多特产的葡萄酒，运到北部的安特卫普……

为了把握经纬度，我在里斯本买了六分仪。我知道：不要逆风行船，要注意潮汐。

等我手头宽裕后，就该考虑南下，绕过圣维森特角后向东，经过细窄像瓶口的直布罗陀海峡，进入地中海，找到亚平宁半岛。我该去比萨买美术品，与那不勒斯的羊毛做对冲贸易。

等我发达了，就买新船，更大，更快，然后出发远航。穿过大西洋去新大陆，或者南经非洲，过好望角，向东方去。只要逃过暴风雨和坏血病，就能看见全新的世界：新的港口、新的特产。

总之，我要去惩治海盗，发现未知的大陆，晋升爵位，最后，得到公主的垂青。

这是一篇玩家撰写的游戏心得，提到的游戏叫作《大航海时代 1》。它是一款由日本光荣游戏公司开发的以航海为背景的大型角色扮演游戏。1994 年，该游戏发布了第 2 版后，我国的玩家才开始玩真正意义上的海上冒险游戏。

如今，该游戏已推出第 5 版，并且有了网络版，十分容易上手，任务为多线式，很开放，完全不必按照剧情进行游戏。玩家可以自由选择六国之一的航海者，化身冒险家、商人或军人等，和生存于相同世界的各种人邂逅、相识、相知，进而创造出属于个人的故事，在线玩海洋冒险角色扮演游戏。

作为一部史诗般的历史类游戏巨作，它巧妙地融合了历史、地理、人文、经济等知识，让玩家在游戏中，不知不觉地就知道了很多国家的地名（里斯本、波尔多、安特卫普、比萨、那不勒斯、马赛、雅典、伊斯坦布尔、哈瓦那、马六甲海峡、巴士拉、霍尔木兹海峡、斯里兰卡、卢旺达、象牙海岸、卡宴、特卢希略、大阪湾和杭州湾），知道了各个国家的特色物品（象牙、水晶、胡椒、绒毯、美术品、砂糖、葡萄酒、罗望子、洋枪、玻璃、玳瑁、杏仁、丁香、烟草、咖啡、乳香、小麦、瓷器、奎宁、槟榔），还明白了风向、纬度、六分仪、掌舵手、操帆手等概念，知道了三角帆和方帆的区别，橡木和桃心木的不同产地，平底船和尖底船在经商和近海航行时的选择等。

游戏组织知识的方法如下。

1. 背景

任何一款游戏都诞生于一定的背景中。这个背景包括设计者的背景及因游戏剧情需要而设计的游戏的背景。与小说不同的是，因为游戏的背景是需要游戏者在玩的过程中进行检验的，并且游戏者容易利用现实生活中的资料进行验证，所以它的背景更加接近现实，而这些背景的重现，对于游戏者熟悉那一段历史故事和文化特色很有帮助，自然可以让游戏者学到一定的历史文化知识。

《大航海时代》，背景设定在 16 世纪的大航海时代，欧洲的六个国家——

葡萄牙、西班牙、英格兰、法兰西、荷兰及威尼斯为了开辟通往印度和美洲及远东的新航路而进行海上探索，一些敌对阵营（如奥斯曼帝国）也会在游戏中出现。游戏故事以史实为蓝本，加入一些虚构的人物作为游戏故事的中心人物，当中亦不乏一些著名的历史人物，如哥伦布、达·伽马及伊丽莎白一世等。

游戏利用近似真实的背景，并可以任意去除或添加元素，还可以用一些安全的场景替代那些危险的场景。游戏的创作无论从主题、形式到表现手法都脱离不开时代的背景。背景源于现实世界，折射了某个时代的生活，生活中的各种社会性元素在游戏中必然都会存在。

2. 元素

如果说背景是不知不觉让游戏者学习到了历史文化知识，那么游戏中的元素便是有意无意地让游戏者进行知识的学习。游戏中的角色、物品、地图、饰品、道具、NPC 等构成了基本的元素，这些基本的元素让游戏者进行概念的学习，在应用物品时掌握物品的用途和特点。

一些商业游戏尽管没有经过专门的科学设计，但仍能够遵循基本的概念。如在《大航海时代》中，既有国家的概念，又有港口的名称，还有冒险家、商人或军人的角色与属性，更包含了各种真实世界中存在的地名，可以说是一本欧洲海上地理百科全书。游戏中的元素如图 4－1 所示。

图 4－1　游戏中的里斯本 vs 现实中的里斯本

3. 叙事

叙事是游戏组织知识最为高明也是与传统知识呈现最为不同的地方。叙事，顾名思义，就是对故事的描述。游戏对故事的描述不是客观地给游戏者讲述，而是与游戏者一起创造。因此，高度的参与感使游戏这种叙事更加让人沉浸。这种叙事又将背景与元素巧妙地组合起来，让游戏者在创造自己的故事的同时，又推送了游戏设计者想要表达和传播的概念或思想。这也是过多地玩一些暴力类游戏可能会引起生活中的暴力行为的原因。

《大航海时代》，游戏者的探险过程就是创造故事的过程。新近流行的一款游戏《孢子》(*Spore*)，向游戏者展示了生命体/文明从萌芽、发育、成长到繁荣，最后又向星际间无限扩张的整个演进、发展轨迹，演绎了进化论。

4. 任务

任务是在游戏中联系元素与元素，使背景、叙事和元素发生特定关系的纽带。从游戏者的角度看，游戏的任务相当于游戏中的关卡，要在游戏中取得胜利，就必须通关。游戏中的任务可以分成个人的任务和团体的任务。个人要完成的任务不一定简单，而团体要完成的任务不一定复杂，要看任务设计的挑战水平和游戏者对游戏技能的依赖程度。任务往往是由若干的问题组成的，任务相当于对游戏知识和技巧的检验或考核。为了通过考核，游戏者不得不更多地去学习游戏内外的知识，形成学习知识的动力。

电子游戏的真义在于它是生活世界的虚拟化。从本质上说，电子游戏反映了某个特定时期的现实生活及由这种生活环境所营造的经验与活动，并以富有趣味的途径表达出来。同时它也是文化蕴藏的体现，以及人类知识情趣化的表征与新的、变异的传递方式①。

① 张胤. 游戏者：学习者：论电子游戏作为校本课程的价值的发掘及建构[J]. 教育理论与实践，2002(5)：60－64.

二、不只知识，还有文化

桌面游戏（桌游）的历史已经有两千多年。桌面游戏在中国的城市和农村随处可见，其中，象棋、围棋是突出的代表，加上近代从西方流入中国的扑克，它们已经成为中国人闲暇之时消遣娱乐的主要方式，得到了很多人的喜爱。这些桌面游戏得以流行的共同特点是它们都基于中国传统文化元素，加入了现代设计理念，并且采用卡牌的形式来实现。其中，传统文化元素是桌面游戏创作的精髓。

桌面游戏，顾名思义，就是在桌子上玩的游戏。这是一种全新的、追求不插电的娱乐休闲方式。玩桌面游戏可以让大家远离电脑，用游戏来创造一个人与人面对面交流的机会。

狭义上的“桌面游戏”特指运用一些指示物或者物件在特定的图板或盘面上（通常是为某个游戏而设计的）放置、移除或者移动来进行的游戏。这类游戏最广为人知的是《大富翁》（*Monopoly*）。广义上的“桌面游戏”是指一切可以在桌面上或者某个多人面对面的平台上玩的游戏。例如，以下这些常见的游戏都属于桌面游戏的范畴：麻将、象棋、扑克、杀人游戏牌、万智牌。

在“桌面游戏”这个概念出现之前，人们在劳动实践中通过各种玩具，如象棋、围棋、六博、塞戏、格五、弹棋、双陆等[①]，已经有效地传承了中国文化。象棋可以说是古代桌面游戏的代表，它把传统文化融合到实物载体中，并巧妙地设计了游戏规则，实现了游戏者之间的博弈，虽历经千年，但仍被广大人民喜爱。

由于受工艺条件和游戏条件的限制，桌面游戏载体主要采用木材和石材，而不像民间玩具那样选材千变万化。即便到了现在，工艺制作水平大幅提高，能用于桌面游戏的材料也不过木材、塑料等为数不多的几种。

---

① 董小英. 游戏规则：维特根斯坦与语言游戏情结［J］. 外国文学动态，2000（4）：44－48.

中国民间玩具种类繁多，单从它的分类标准，如材料、功能、艺术风格、实用对象、民俗、地域风格、机制原理、工艺操作、年代、季节、节日、主题等就能看出[①]，每一种分类标准都是传统文化在民间玩具中的体现。历史人物、文学作品、神话故事、民俗风情、岁时节令等游戏中常用的题材完全可以作为卡牌桌面游戏创作的源泉。

传统文化和民间艺术中所蕴含的知识是现今学生要着重学习的知识，不论是里面的寓意、故事，还是所蕴含的智慧，都是现今教学的侧重点。

将中国传统文化和民间艺术的元素融入桌面游戏创作中，不仅可以提高人们了解传统文化的兴趣，还可以使游戏者直接从游戏中学习传统文化，达到寓教于乐的目的。把要传承和发展的传统文化通过设计规则、人物形象、要借助的载体恰当地融合在一起，可以促进文化在生活中的传承。

有研究者分析了几款游戏中所蕴含的文化因素[②]，见表4-1。

表4-1 几款流行桌面游戏中的文化元素

游戏名称	游戏机制	文学元素	美术元素	历史/神话/民俗元素	文化传承
三国杀	角色扮演	古典历史小说	中国传统山水画中的水墨风格与现代钢笔速写相融合，包含写意画和工笔画	采用家喻户晓的历史人物及其人物性格、英雄事迹	认识中国三国时期的历史，有助于了解中国传统水墨画
西游劫	角色扮演	古典神话小说	现代绘画艺术和传统水墨渲染艺术相结合	采用耳熟能详的神话人物，弘扬正义	从神话传说中领悟人生哲理，同样有助于了解中国传统水墨画
风声	角色扮演	现代谍战小说	现代工笔画	抗日战争时期地下特工的故事	认识新中国成立前受到外敌侵略的那段历史
斗福	策略经营	民间传说	现代写意人物画	民俗文化中春节属相中的十二生肖	认识中国的传统节日及其背后的故事

① 李友友. 民间玩具［M］. 北京：中国轻工业出版社，2005.

② 姜语锐，李丹，仓诗建. 卡牌桌面游戏设计与传统文化的融合［J］. 艺术研究快报，2014(3)：18-24.

玩一玩

三 国 杀

《三国杀》是如今在全中国最受欢迎的桌游。它是一款以三国为题材的桌面游戏，得三国题材游戏之灵韵，集历史、文学、美术之大成。它在注重玩家体验的同时，还集合了娱乐性、竞技性、健康性，是一款注重文化内涵、老少皆宜的游戏。

游戏人数：2～10 人。

游戏身份：在《三国杀》游戏中，有主公、反贼、忠臣、内奸 4 种身份，主公的任务是剿灭反贼，清除内奸，平定天下；忠臣的任务是不惜一切保护主公；反贼的任务是推翻主公；内奸的任务是除掉自己以外所有的人，最后挑战主公，成为唯一的生还者。

游戏《三国杀》运用了在桌面游戏设计中最常见的元素——历史题材。下面从题材选取、游戏机制、附加元素、输赢判断、优缺点方面简要分析《三国杀》中所蕴藏的传统文化元素。

1. 题材选取

历史题材是当前桌面游戏在设计中运用得最多的题材之一。这一题材可以借用的传统文化元素主要包括历史故事、历史人物、时代变迁、时代特点等。就《三国杀》而言，它主要借用的是历史人物，针对每个人的个性，赋予相应的技能，如关羽的技能是可以将手中所有的红色牌当“杀”使用，称为“武圣”。也就是说，其他人不能对对方造成攻击的红色牌，对关羽而言，可以当作武器来使用，对应着《三国演义》中关羽身手矫健、武艺高强这一特点。

在游戏中，每一个人物的技能、形象的设计除了游戏本身的需要外，更突出了历史人物美好的品质。每一个人物都有一项特殊的技能，形象的设计也栩栩如生。在玩的过程中，游戏者不仅获得了玩的乐趣，还仿佛穿越到了三国时期，自己就是其中的一人，切身感受到了三国时期人物的人生观、世界观、价值观。

2. 游戏机制

这是一款多人合作与竞争的桌面卡牌游戏。人物从关系上分为三组：主公组，有一个中心人物主公，还有忠臣，忠臣要想尽办法保障主公的安全；反贼组，反贼要千方百计地推翻主公；内奸组，内奸要杀死除自己以外所有的人，但主公必须最后死。这里需要游戏者之间的合作，也需要游戏者敏锐的洞察力，不能认敌为友。

3. 附加元素

每个人物都同时设计了一项与众不同的技能。例如："赵云"有"龙胆"技能，谁选择了这张卡牌，谁就可将"杀"和"闪"替代使用出牌；"关羽"号称"武圣"，可以将任意一张红色牌当"杀"打出；"刘备"有"仁德"之称，可以将手中任意数量的牌以任意分配方式交给其他角色，若给出的牌张数不少于两张时，他自己可以回复 1 点体力；等等。这些都是根据人物的性格特点增加的技能，虽然和真实人物的状况不一致，但在一定程度上，这些鲜明的技能可以加强人们对这个角色的想象和定义，也可以更好地理解这个角色，这就体现了传统文化元素运用到卡牌桌面游戏中的学习价值。甚至可以通过游戏，使游戏者对游戏里的人物和故事产生浓厚的兴趣，进而去学习三国历史，达到寓教于乐的目的。

4. 输赢判定

通过自己手中的牌或人物的技能，将对方手中的牌所代表的人物击败，直至对方人物寿命耗尽，则为赢。这是一款输赢竞技与合作相结合的游戏，输赢非一招定局，人物也非一招致命，就像人的命运一样，起伏不定。当一方遭遇进攻，“生命”垂危之际，游戏者要想反败为胜，必须想办法补救，在游戏中保持好的心态，面对低谷不气馁，知道一切皆有可能，对应着现实的生活也是一样的，要有永不放弃的生活态度；而另一方要想打败对方，就必须坚持到底，一鼓作气方有赢的可能，这对应了生活中积极向上的心态，也是传统文化中精神元素的体现。

5. 优缺点

（1）优点

《三国杀》的游戏过程讲述的就是历史故事，让在现代社会中生活的人进入角色后去体会三国时代人物的特征、社会的氛围，同时也宣扬了我国四大名著之一的《三国演义》，可玩性高。

（2）缺点

① 它是非完整故事，人物的“技能”设计得太多，过于复杂，让人不容易记住，即便是按照历史人物的个性来设计的人物技能，但太多也不易记住。

② 游戏的复杂程度对于不同人群没有进行区分，人物形象的设计没有根据不同年龄层次的特点分别进行设计，不适合儿童和老人玩，而实际上老人对历史人物更感兴趣。

很多游戏中都蕴含着丰富的文化元素，而电子游戏由于其复制与传播更便捷，因此，在一个信息传播的世界里，电子游戏可以作为一种文化传播、媒体教育的手段，成为连接儿童与文化的纽带。

澳大利亚学者凯瑟琳·比维斯（Catherine Beavis）曾深入地研究了使用计算机游戏与使用新文化形式的关系[①]。她强调计算机游戏是孩子和年轻人接受新文化的重要方式，教育系统不应仅传输社会的精英文化。这种主张之所以很少被采用，是因为计算机教育游戏并不普及。但有趣的是，学校教育对计算机游戏的应用却有很高的兴趣。

---

① NIELSEN，Third generation educational use of computer games［J］. Journal of Educational Multimedia and Hypermedia，2007（3）：263－281.

有理由相信，新媒体文化（包括计算机、电视、计算机游戏）的研究会从普遍的、较高的关注中受益。学校也应该支持这个观点，这样计算机游戏才会在学校课程中占有一席之地。这些已经反映在澳大利亚的国家级课程上。

凯瑟琳·比维斯认为，玩电子游戏是让学生接触一种新文化的有意义并且具有激励作用的方法，将电子游戏融入教学有巨大的优势，因为它们复杂，让人着迷，而且许多孩子熟知。同时，她也告诫，要中立地看待电子游戏。电子游戏与日常生活、当前媒体和大众文化紧密相连，但是对学习目标的影响却是中立的。它们有的暴力、古板，这当然会遇到一些典型的问题，特别是和计算机游戏许可和技术等相关的障碍。

三、成语大会：跨屏的百姓识字狂欢

“就秦始皇干那坏事。”

“焚书坑儒。”

“特别惨的，呼呼刮的。”

“凄风苦雨。”

2014年的电视荧屏被一场“你说我猜”的有关成语的游戏节目所霸占，自节目开播的4月18日起，每周日就有无数家庭守着电视机，晚上八点准时调到央视一套，与节目中的游戏者一起狂欢。

本人就经历过这样的场景：一家老少坐在电视机前，一边看节目，一边参与到“猜成语”的过程中，通常是老人提问，晚辈作答，时不时地还有人主动拿出纸笔来比画。

据统计，这档在周日黄金档期播出的电视节目，收视率达到了所有电视节目的前三名，共有3.48亿人次收看，单期最高收视率达到1.47%，高居同时段节目首位。

这就是《中国成语大会》。

《中国成语大会》作为国内原创的一个文化类节目，其主要目的是唤起人们对成语学习的热情，尤其是那些离口头交流越来越远的成语。

“成语”作为汉语的精华，是老祖宗的一种创造，经过千百年的积淀，成为人们生活中不可缺少的一部分。

毋庸置疑，在高中以前的学习中，成语是语文学习的重要内容之一，但由于在日常生活中，人们习惯了用大白话交流，成语的使用在口头交流中越来越少见，通常只在书面语中才会见到。央视 2014 年重点打造此节目，其创作团队也没有想到，这款节目如此受欢迎，接受采访时说：“达到了第一季所能收到的最好的效果。……我们是坐在金山上，不需要买金子，只需要擦拭这些金子，或者让大家看到这座金山。”①

节目的播出，使成语成为一个热门话题，被作为一个单独提炼出来的文化现象，引起了全社会的关注。

那么这个成语大会究竟是一个什么样的节目呢？其核心就是一个猜词的游戏。

猜词的所有环节都需要两个人合作来完成：一个人描述，另一个人猜。描述者只能用题面成语的释义、典故、使用情境对成语进行提示，直到合作的猜词者正确猜中为止。在描述过程中不能出现题面中的任何一个字，不能用任何口型提示，也不能用其他语种的同义词提示。描述用语中出现题面字时即为犯规，在节目的特定环节会限定犯规的次数。在比赛过程中，选手如果遇到过于困难的题目，描述者或猜词者可以选择“过”，但视具体情况而定，也可能被取消选择“过”的权利。

看到这个游戏规则，你是否觉得非常熟悉？对，在过去的很多电视节目中，都采用过这种规则，只是这次的题面不同，这次的题面全是成语。

那么，为何换了题面的你说我猜的成语大会有这么多人看呢？

第一，成语学习很重要。

正如上文所述，成语作为老祖宗留下来的经典，绝大多数人都能够理解并认可其重要性，只是在现实生活中难以有那么多使用成语的机会，儿时学习了一些成语，时间长了也就忘了。如果家庭中有长辈，尤其是一些有学历

① 苗春.《中国成语大会》收官《中国汉字听写大会》启幕［EB/OL］(2014-07-07)［2019-01-21］. http://media. people. com. cn/n/2014/0707/c14677-25248093. html.

的长辈，他们都非常希望自己的晚辈能够掌握一些成语，有一种怀旧的寄托。此外，很多单个的成语本身就是一个故事，这个故事来源于生活，很多都是很有趣的，也很吸引人。

第二，获得一种“超越”的快感。

节目的核心虽然是游戏，但是来玩游戏的人都是经过节目组精心挑选的，不乏很多知名高校的“学霸”。第一季的参赛者有来自北大、清华的博士，也有一些行业里的精英。作为普通人，旁观一群“学霸”在台上PK，尤其是当“学霸”猜不出来，而自己能够猜出来时，那种局外人看局内人的喜悦，也是在真实社会中难以获得的。对一些人来说，看着一群高智商的人“吵架”，也是一种乐趣。

第三，将成语相关的知识很好地串联起来了。

没有老师站在讲台上讲解每个汉字如何书写，也没有老师领读每一个字，更没有老师告诉你成语的释义。参与者只有在最短时间内猜出更多的成语，才有获胜机会。根据规则，描述者不能说出成语中的任何一个字，不能用任何口型提示，也不能用其他语种的同义词提示。比如在说“焚书坑儒”时，描述者的语言中不能出现“焚”“书”“坑”“儒”中的任何一个字，所以描述者才说了一句“就秦始皇干那坏事”。对描述者而言，他会尽可能地用与该成语相关的其他词来提示猜词者，这个过程具有较大的挑战性，他不仅需要掌握这个成语，还需要掌握其他有关的词语。而对于猜词者而言，他会根据描述，想到很多很多的成语，然后挑选出一个最接近描述者描述的成语。在题面揭晓之后，对于一些有趣或者较难的成语，会有评委加以解释或点评，往往让人有大彻大悟之感。

描述者和猜词者合作猜词的过程，由于时间限制，会出现一些有趣的比画，让普通观众看到了一场高知的对决，不由自主地也加入到游戏当中，与猜词者一起猜，猜中了，心里乐呵一把，猜不中，也没有关系。

游戏很简单地把观众变成了场外的参与者，不用主持人说“场外的观众欢迎竞猜”，观众主动就进来了。

当然，也不是所有的观众都有那么强的参与感，前提是要懂得成语，因此从收视率统计上看，该节目受到有较高教育背景观众的欢迎。其中，有高中教育背景的观众与其他同期在播节目相比高出25%，有大学以上教育背景的观众更是高出了152%。城市观众的构成比例与其他同期在播节目相比高出32%。

可以说，这种互动式游戏节目，氛围轻松，风格幽默，集知识性、趣味性于一体，在激烈的竞赛中让观众体味到中国成语的奥秘和乐趣，成为5.5亿人次观众与参赛选手学习成语的狂欢。

读到这里，也许你已经想起央视的另一个与汉字相关的文化类电视节目，那就是《中国汉字听写大会》。

《中国汉字听写大会》仍然采用了游戏的形式，节目邀请国内语言文化专家担任裁判和解说，央视著名播音员轮番担任读词主考官，规则是由主考官读出汉字或者词语，然后请参赛选手写出相应的汉字或者词语。

该节目2013年在央视首播。第一届《中国汉字听写大会》全国有超过6.7亿不重复计算的观众收看，总决赛全国平均收视率达2.59%，在当周全国所有电视节目中排名第一。该电视节目的形态设计研发者关正文一炮走红。该节目还获得了第27届中国电视金鹰奖。

节目成功之后，该团队又设计创作了《中国成语大会》。这两个节目一脉相承，汉字听写是“你说我写”，成语是“你说我猜”。

一位观众曾经说出了《中国汉字听写大会》这个节目的意义，也代表着很多观众的看法。

> 作为一个老年观众，我看这个节目就高兴得不得了。我不是去看字，而是去看写字，去看孩子。看孩子跟看写字这两个都很可爱。
>
> 孩子们写字不光是写字，他是在动脑子。他会写错，但是他的错有他的思想在里面，他已经懂得形声字的字旁有类别。对汉字他开始有不同的考虑，虽然可能写错，可是汉字的理念是正确的。所以我觉得这些孩子很可爱。这个节目不只是让大家认几个字，而是让大家对汉字有感觉。汉字已经成了大人的老师，看孩子们优秀的表现是内心里的一种高级娱乐，当你会写的时候这种愉悦性就更大了。

这两个游戏，一个游戏的参赛者主要是成人（大学生、白领等），另一个游戏的参赛者主要是中学生，都是围绕“汉字”的听说读写而来的。这两个

节目的分析见表 4–2。

表 4–2 《中国成语大会》和《中国汉字听写大会》

游戏名称	参赛对象	规则	主要意义
中国成语大会	成人	描述者描述、比画，猜词者猜	对成语的理解和掌握
中国汉字听写大会	中学生	考官读，参赛者写	汉字书写

毫无疑问，这两个游戏，不仅仅对参与者来说，具有学习汉字、理解成语的意义，而且对于观众而言，也有同样的意义。正如中央电视台科教频道总监金越介绍的那样："这不是一个秀场，呈现出来的状态可能非常单纯、简朴，但却可以吸引观众在电视机前同步参与，在游戏中学习知识，领略汉字之美。"

在读汉字、揭示成语谜面的时候，有文化专家在一旁解读，这更是一种文化的传承。

四、学，为了"玩"得更好

2011 年 11 月 9 日，对于爱好游戏的北大人来说，是一个不平凡的日子。那天，"北京大学思维潜能开发协会"成立了。这个名称看上去高大上的协会，实际上就是一个桌游（board game）爱好者协会。协会希望搭建一个桌游爱好者平台，方便交流和呼局。

协会在北大未名 BBS 上开辟了专区，还在大学生里最火爆的社交平台——人人网上开辟了公共主页，迅速聚集了一大批桌游爱好者。除此之外，组织者还以协会的名义宣传"桌游"，在学生间开展活动，让一些从未听过、玩过"桌游"的同学加入到其中来。

玩过《三国杀》的游戏者应该知道，与运动或者电子游戏相比较，桌面游戏更注重对多种思维方式的锻炼、语言表达能力的锻炼及情商的锻炼，并且不依赖电子设备及电子技术。

“北京大学思维潜能开发协会”的成立，就是为了让对桌游感兴趣的同学将这类游戏玩得更好。协会只是一个形式，其目的是举办促进游玩的多种活动。

在学期初的招新会上，协会一般会组织新老会员在教室里进行比赛，在比赛的同时邀请感兴趣的同学来观摩，观摩结束后有人进行点评和过程分享。同伴观摩这种最朴素的学校教育模式被用于具有同样兴趣的人相互学习中，观众在看他人游戏时，不仅仅是看游戏的过程，同时也在思考游戏背后的意义，尤其是思考玩家的逻辑，思考玩家与所扮演角色间的关系。

促使游戏玩得更好的便是讨论。协会组织的很多团队比赛需要团队在赛前进行配合。一位多次参与比赛的玩家说，为了一场比赛，他们要经过多次的讨论，这种讨论不仅仅涉及战略战术，还涉及比赛的游戏的历史背景，要对游戏本身所模拟的情境和其历史文化背景进行学习。比如说《三国杀》，对于游戏高手来说，他对三国这段历史定是耳熟能详，至少对角色的技能及最终的宿命有一定的了解。而这种学习，是一种自主学习，不为别的，就是为了团队在比赛中能够获胜。除此之外，团队还要进一步讨论为达到目标而制订出的详细策略与全盘计划。

“观摩”和“讨论”是为了“玩”而产生的自觉的学习行为。这两种行为都需要同伴合作来完成。其实为了“玩”好一款游戏，更多需要的是自学，并开展基于资源的“反思性实践”。

20 世纪 80 年代，美国麻省理工学院前哲学教授唐纳德·舍恩（Donald Schon）在批评技术理性的基础上阐述了他的“反思性实践”思想及“反思性实践者”概念①。该概念最早用于教师的专业成长中，主张包括教师在内的实践者要从技术理性的桎梏中解放出来，在实践中反思和探究。在这里，游戏可以看作一种实践，而在游戏之外基于资源的主动学习是反思后的必然选择，当完不成游戏中的任务时，游戏者不得不反思。

另一个例子来自《魔兽世界》，很多玩《魔兽世界》的“网虫”同时对应用数学研究感兴趣。每月几乎有近 100 万名玩家分析和讨论《魔兽世界》背

① 王艳玲，苟顺明. 教师成为“反思性实践者”：北美教师教育界的争议与启示［J］. 外国中小学教育，2011（4）：53－57，65.

后的数学运算。他们通过复杂的电子表格和数据模式论证自己的结论。尽管对很多人而言，这是他们首次接触应用数学，但是他们的 Rogue Damage Per Second 分析能够以研究透彻的表格、证据和数据形式呈现。

综上，比赛、讨论、主动学习、集体研究与游戏建立了密切的关系，游戏者通过发现有趣新想法奠定了学习的基础，然后在现实生活中通过常见的学习来填补新想法带来的挑战。游戏促进关联性学习的示意图如图 4－2 所示。

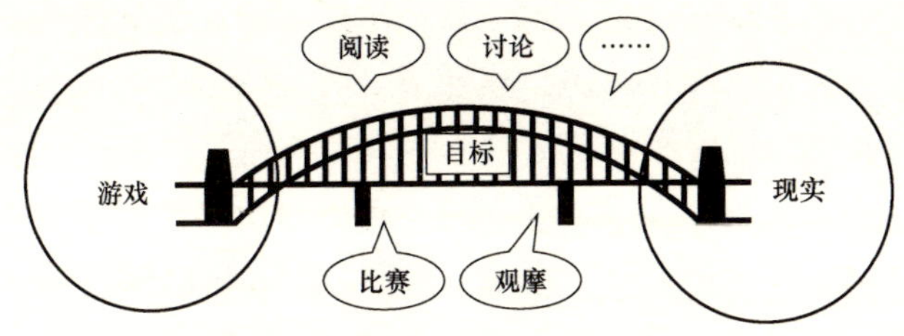

图 4－2 游戏促进关联性学习

五、体验到而不是知道

在一个充满艺术气息的广场上，来自世界各地的人相聚在这里，有人在谈笑风生，有人在卖唱片、卖衣服，也有人在建房子，还有人慵懒地躺在广场周围的椅子上。

一位身着夏威夷风格服饰的金发女郎正在和两位分别身着黑、白西装的男士交谈，两位身着红色紧身衣的胖子在草坪上尽情舞蹈。

广场的中心是几座有着文艺复兴时期烙印的雕塑，四周尽是绿油油的草地和潺潺的溪流。花园里大树参天，喷泉中的水缓缓流淌，路边的一抹抹翠绿花红争奇斗艳，墙角下，草丛里传出清凉短促的虫声……

这不是好莱坞电影或者其他动画片中的场景，而是一款在线游戏《第二人生》(*Second Life*) 中的场景[①]。

2003 年，总部位于旧金山的游戏开发商——林登实验室 (Linden Lab) 推出了游戏《第二人生》，游戏者可以在这里自己创造并购买物品，拥有物品的所有权和销售权。“第二人生”向游戏者支付“周薪”，供他们投资、交易。“第二人生”是一个完全由其居民建设和拥有的三维虚拟世界，是一个充满人、娱乐、体验和机会的数字大陆。游戏者或合作，或竞争地聚在同一个虚拟世界中、同一个社会团体中[②]，在无限、自在的体验中，游戏者感受到自己仿佛真正有了“第二次生命”，在缔造一种全新的生活。

在“第二人生”里，你可以做以下事情[③]：

① 用化身逃离现实，成为另外的你。可以自由打造自己的阿凡达，从性别、相貌、身材、肤色到年龄、衣服、发型等，都可以精心设计，一切脱胎换骨变了模样，在虚拟世界里天马行空，驾着翅膀到处遨游，尽情体验别样人生。

② 拥有一个好的心情。因为“我”从内到外彻底变了，可以按照自己的意愿与想法去改变周围的一切。

③ 时时得到众人的拥抱。可以自己或与好友一起喝茶叙谈、召开产品发布会、组织演出专场或开展义卖活动等，自然会吸引许多人的关注、支持和参与，获得众人的拥抱。

④ 遇到心灵的导师或者仰慕已久的名人名师。《第二人生》已经有超过 170 个教育科研机构，其中有 71 个机构拥有自己的岛屿，有 148 个机构拥有现实生活中的实体，这些实体主要分布在美国 (112 个)、加拿大 (5 个)、英国 (26 个)、丹麦 (2 个)、芬兰 (2 个)、爱尔兰 (1 个) [④]，你在不经意间，会造访一些名师，遇到仰慕已久的人物。

“第二人生”已经不再是一个简单的三维环境，而是一个真实世界的模拟和再现。每一位参与者都可以重新“体验”一次人生，开始从小学开始的学

① 王旭卿. “第二人生”与数字化游戏式学习环境 [J]. 远程教育杂志，2007 (4)：76 – 78，72.

② 卞云波，李艺. 国外电子游戏教育应用的理论研究综述 [J]. 开放教育研究，2009 (1)：93 – 97.

③ 陶侃. 我们都是网中人：网络文化与人的发展 [M]. 北京：北京交通大学出版社，2013.

④ JENNINGS，COLLINS. Virtual or virtually u：educational institutions in second life [J]. International Journal of Social Sciences，2007 (2)：180 – 186.

习，与他人生活，与商人交易。当然，参与者也可以为自己真实生活中的未知部分做一些准备，比如参加一些讲座，听取一次报告，甚至模拟一个事业的诞生与兴衰，这些都不是通过书面学习的，而是自己通过“一手”的经验亲身经历的，这构成了游戏学习知识的核心竞争力——体验到，而不仅仅是知道。

我们在课堂上通过老师和教材“知道”了太多的东西，而当出示一张沙漠图片，提问为什么将遗弃的飞机放在沙漠里时，我们却无从答起。而多人游戏的组织和协调颇为复杂，童年时期掌握这些技能能为今后的成功奠定基础。

除了亲身“体验”到知识的存在及其价值之外，游戏中的知识学习更是一场情感的盛宴。

下面请来看一位初中生在玩教育网络游戏《农场狂想曲Ⅱ》之后的感言吧！

玩了这游戏一周多了，终于体验到了农民的辛苦，真是“谁知盘中餐，粒粒皆辛苦”啊！

不过当我把收割后的庄稼卖掉时，看到自己所赚的钱，总有一种成就感。通过这个游戏，我学到了很多东西，体验到了种植的辛苦，所以我以后一定要珍惜粮食！

以前我只见过奶奶种菜，从没尝试过，所以这个游戏给了我前所未有的体验，种植业真是个涵盖很多知识的行业，要想种出好质量的农作物，必须土地要好……

现实生活中所有的农作物有贵的，有便宜的，物价与成本的高低直接影响着利润，所以我种农作物时从不盲目地选择，而是先了解当天的物价，再选利润高的农作物种植。当然，畜牧业养殖也是同样的道理。

…………

畜牧业比种植业更难经营，那些家禽经常要放牧和清洁。要想养出品质优良的牛可不是易事，得经常放牧和清洁，这且不说，它们还经常生病，饲料也吃得很多，因此养牛的成本挺高的，而且我养牛的那段时间牛肉刚好降价，所以我决定不养牛了，并且公牛不能产奶，我没有副产品可收获，因此我决定下次养其他动物时公的（雄性的）所占的比例要大大减少，只需几只用来交配就行了。

体验对于知识学习来说，其重要性不言而喻。对于学习来说，学生只能记住眼睛看到内容的 10%；记住耳朵听到内容的 20%；如果辅助视觉和演示，知识留存率将上升到 30%；如果能够亲身观察和解释，知识留存率将会上升到 50%；但如果学生能够亲自操作，他们能记住 90%。

体验是为求得某种结果而进行的尝试，承受是接受感觉或承受体验的结果，只有当主动的尝试和被动的承受结合在一起的时候，才构成了经验[①]。人类共同的经验构成知识，体验对于知识的产生也具有重要价值。

杜威认为，传统教育脱离了学生的生活实际，无法引起学生的学习兴趣，教学法最好从学生的经验与能力出发；因此，学校也在工作与游戏里面，采用一种活动，与青年在校外所从事的相类似[②]。

传统教育中的书面作业割裂了知识与日常生活经验的内在联系，不仅不利于学生对知识的理解，还妨碍了学生对知识的学以致用。

游戏则不同，它来源于日常生活，为学生创造了一个过程体验与方法尝试的活动环境，学生在动手操作各类游戏材料的过程中建立了知识与经验的关联。

① 石雷山，王灿明. 大卫 · 库伯的体验学习［J］. 教育理论与实践，2009（29）：49 – 50.

② 杜威. 民主主义与教育［M］. 王承绪，译. 北京：人民教育出版社，2001.

第五章

游戏与探究

游戏与探究就像一对孪生兄弟，你中有我，我中有你。早期的游戏主要用于知识的传授，而获得知识的过程便有了“问题解决”的影子。随着电子游戏的发展，在游戏中完成任务的过程恰恰就是探究的过程，一些特定的游戏还支持科学的探究实验。在游戏中探究、用游戏来探究不再是梦想。

一、游戏就是探究

关于游戏在探究学习中的作用，很多学者都探讨过。借助各式各样的游戏材料开展的各类游戏，与抽象思维和发散性思维的发展有密切的关系，这两种思维能力的发展促进了问题解决能力的提高。

很多专家认为，游戏对探究很有帮助：深入探索（游戏本身）为儿童提供了了解有关物体的基本信息，创设了问题情境；游戏天然的试验性和灵活性，可以激励学生主动积极地学习；游戏可以促进孩子从具体思维到抽象思维的发展①。

一位教师根据自己对科学和游戏的理解，得出了游戏就是探究，探究就是游戏的结论。其主要理由如下。

1. 乐——科学探究和游戏活动的精神统一

游戏活动中充满了欢乐，游戏活动时洋溢着开心，科学探究活动的乐趣绝对不会在游戏活动之下。

从问题的发现到问题的解决，这中间就是靠一个“玩”字串在一起的。在无意识的“玩”中有了问题，然后用“玩具”来有意识地再“玩”，在“玩”中会出现意外，在“玩”中会有惊喜，然后快乐地发现：哦，原来问题就这样解决了！这“玩”中包含了无穷的乐，也是一种探究。

2. 疑——科学探究和游戏活动的本质联系

在科学探究和游戏活动中都充满着“疑”的成分，正因为有了这些疑惑

---

① 埃尔金德. 游戏的力量：玩出创造力与竞争力［M］. 胡玉立，译. 重庆：重庆出版社，2011.

和不解，才会促进学生不断地动手、动脑、动口去解决。

游戏中的“疑”指的是如何用最好的方式解决在游戏中遇到的难点，成为游戏的优胜者；科学探究中的“疑”则指的是在学习过程中遇到的一道道坎（产生的问题），只有跨过了一道道坎，解决了问题，才有可能到达成功的彼岸。

3. 求——科学探究和游戏活动的共同方式

不管是在科学探究还是在游戏活动中，寻找一条最为便利的道路，寻找一种最为恰当的方法，寻找一个最具有说服力的答案，是两者为达到目标的共同方式。

在目标完成之前的一切活动、一切思考、一切交流，都是一个个不断寻找的过程。

在生活中，学生经常会在放学回家的路上遇见一种“转转盘赢大奖”的游戏。1 元钱就可以转转盘一次。等停转后，指针指到哪一个格，便根据那个格指示的数，逆时针从下一格起，按格往下数这个数，数到哪一格，放在哪一格上的奖品就给谁。

“转转盘赢大奖”游戏简化图如图 5－1 所示。

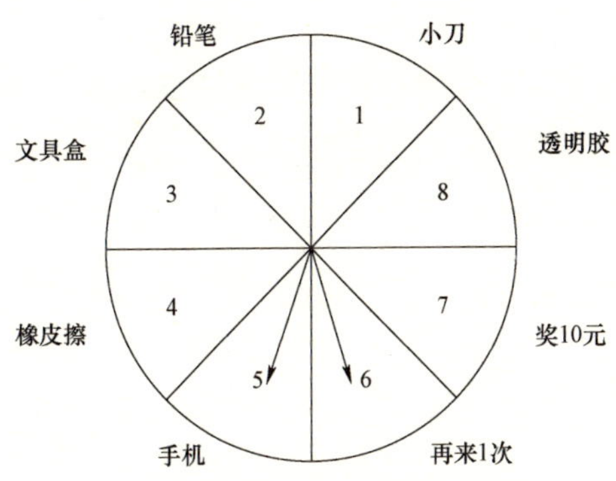

图 5－1　“转转盘赢大奖”游戏简化图

例如，指针停在第 6 格，从下一格起，数 6 个格，落到了 4 号位上，奖品是橡皮擦；再转一次，指针停在第 5 格，从下一格起，数 5 个格，落到了 2 号位上，奖品是铅笔。

试问一下，是否有机会中类似于手机那样的大奖呢？

实际上是没有可能中大奖的。转盘的指针停在一个位置上，要么是单数，也就是奇数，要么是双数，也就是偶数，再往下数，也就是再加一个本身的数，比如，指针停在数字 6 上，6+6=12，指针停在数字 5 上，5+5=10，数字相加的结果始终都是偶数。也就是说，所得的奖品始终会落在偶数位上。

这个游戏，就是游戏与探究结合的例子。这个游戏来源于学生真实的生活经验，用重奖来激发学生参与的兴趣，如何能够获奖便成为探究的问题。学生具有一定的生活经验，认为格子上单数、双数各占一半，总有机会拿到大奖，都跃跃欲试，被激发了探究的动机，有了寻求问题答案的冲动。学生通过亲身体验，试过几次之后，知道不管转到奇数还是偶数，最后得到的数总是落在偶数位上，得到了不可能中大奖的结论。

这个过程让学生亲身经历，一步一步识破了路边抽奖骗人的“诡计”，还复习了“奇数+奇数=偶数，偶数+偶数=偶数”的知识。

玩电子游戏时，要不断地解决一个个的小问题（完成一个个小任务），在解决一个个小问题的过程中，游戏者的知识、经验、操作技巧也在不断提升，等他解决了游戏中所有的小问题时，他已经成为一个专家。

与真实生活中的探究不同的是，游戏中的探究更具有吸引力，让一个一个的探究者更加投入，探究的过程也更加惊险刺激。

《文明》（*Civilization*）系列游戏是一款经典的商业游戏，现在已经推出了第 5 版。在《文明》游戏中，游戏者可以自由选择自己文明发展的方向，带领人民从原始社会发展到未来社会。这个游戏可以选择历史上存在的文明，每种文明都有特色兵种和自己的背景，比如说美国的背景是购买土地，中国的背景是军事力量占 15%。在游戏中可以建设奇迹，建立制度，每种文明都与真实世界中的地理位置有所关联。游戏者是某种文明的创造者，也是这种文明的经营者。在文明发展的各个阶段，游戏者需要决定其发展方向，究竟是建立军事强权，还是以文化治国，还是当科技领袖？只有游戏者综合平衡了各种关系，建设了一个可持续发展的国家，才有可能成为世界强权。游戏中选择发展路径，抵御外族入侵的截图如图 5－2 所示。

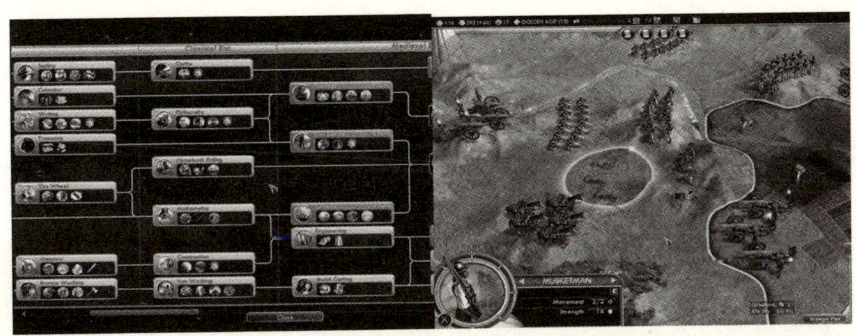

图 5－2　选择发展路径，抵御外族入侵的截图

《文明》游戏首先创设了一个宏大的历史背景，也是问题情境，游戏者进入游戏后，他是在玩游戏，也是在创造历史。同时，为了文明的可持续发展，并且不被其他文明所吞噬，文明的拥有者要不断地解决文明内部的问题，如农业生产、工业、文化、军事、社会等均衡发展问题，还面临着其他国家从军事上和文化上的侵略问题。游戏者创造历史的过程，也是不断解决各种问题的过程。更为突出的是，这个问题解决过程为每一位游戏者都提供了亲身体验的机会。作为文明的主宰者，他决定着文明的未来，亲身感受着文明发展带来的成功和喜悦。

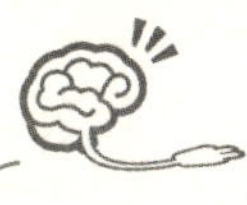

延伸阅读

教材中的探究学习

“探究学习”这个概念诞生于美国的新课程改革中。1964 年，美国芝加哥大学教育学院的施瓦布与纽约市州立大学的奥苏贝尔最先采用了“探究学习”这个术语，和布鲁纳提出的“发现学习”有些类似。

这种学习强调学习者通过主动参与科学探究的过程，掌握与探究问题有关的知识，以及利用这些概念知识，应用科学探究的方法去解决问题，形成科学的态度和方法。

探究学习的过程不仅仅是学习知识，更重要的是在应用探究学习方法及其相关知识的过程中形成探究的能力。在以后遇到类似的问题时，能够应用方法，在科学精神的指引下去解决它。

在人教版小学科学教材三年级下册中，曾有一个“是什么在影响植物生长”的学习主题。其中有一项内容是“光对植物生长的影响”，配套插图如图 5–3 所示。提出的问题是光对植物生长有何影响，准备选用的实验器材是蒜苗和黑纸箱，设计的方案是用黑纸箱罩上蒜苗，不让阳光照到蒜苗，几天后再去观察蒜苗的生长情况，然后得出结论，植物的生长必须要光。这个过程其实就是一个探究的过程。

图 5–3　探索光对植物的影响

专家学者将探究的一般过程进行了总结和提炼，一般分为如下几个步骤。

① 提出问题。在情境中提出问题并设计解决问题的目标和标准。

② 设计解决方案。根据情境和已掌握的知识设计问题解决方案，包括研究假设、研究方法与过程设计等，问题解决方案会受到客观条件，如人手、物质、实验环境等的限制。

③ 根据方案实施探究。在方案确定以后，根据目标将总任务进行分工，分工实施探究，往往包括数据收集、整理、分析等环节，这个过程也是检验假设的过程。

④ 得到结论。分工探究结束之后，根据掌握的数据资料得出结论，撰写探究的成果。

⑤ 评价、交流与分享。

这 5 个步骤，有 3 个核心要素：

① 问题：问题是探究学习的目的，也是探究学习的起源。

② 过程：探究学习的过程是问题解决的过程，也是培养问题解决的能力的过程。

③ 交流与互动：在问题解决过程中，非常重视人与人之间的交流与互动。

——摘编自尚俊杰、蒋宇、庄绍勇《游戏的力量》

二、探险与憧憬

当今的电子游戏往往使用 2D 或 3D 技术创设了一个复杂的游戏情境，游戏者在其中可以通过互动和交流去自主探索。游戏者的通关、升级，实际上是他在做基于任务的学习探究活动。很多电子游戏创设的情境还很真实，让游戏者在情境中发现问题，解决问题，完成游戏的目标。

在春光明媚的一月，请你购买若干青瓜或卷心菜的种子，然后在练习岛的小地上播种。

在愉快的音乐声中，你完成了播种，来到了炎炎的夏日。亲，你要注意气温和水分哦！赶快买一把上好的水壶，在悠扬的乐声中，你的作物就会在甘露的润湿下茁壮成长了。

金秋八月，在收获的季节里，亲爱的朋友，不要只顾着对可爱的她吹口哨哦！你要赶快施肥，这样你的作物才能提高等级哦！

我说的你都做到了吗？来吧亲爱的伙伴们，拿起你心爱的镰刀，来到我们耕耘的农田里，尽情地收割吧！

我们将满载一船ＡＡ，在ＡＢＣＤ里放歌。但我不能放歌，悄悄是别离的笙箫；队友也为我沉默，沉默是今晚的练习岛！

以上是一位游戏者在玩《农场狂想曲Ⅱ》时写的日志。

为了促进电子游戏在学校的应用，佛山市教育局与香港中文大学资讯科技教育促进中心联合开展了“游戏化学习与研究系统”项目，该项目主要内容是应用《农场狂想曲Ⅱ》游戏化科学探究课程，在佛山市的中学招募志愿学校参与。该项目持续半年，共有 30 多所学校的近 400 名师生参与。

延伸阅读

《农场狂想曲Ⅱ》游戏化科学探究课程

《农场狂想曲Ⅱ》游戏化科学探究课程按照科学探究的学习步骤来设计，可用于小学高年级或初中低年级教学。这个课程共分为 8 个学时，构成一个学习单元。

学习目标如下。

① 了解环境对作物种植和动物饲养的影响，如大气、水文、土壤等自然环境对农业的影响。

② 了解市场经济相关的知识，如理财、市场买卖等知识。

③ 知道农作物种植和动物饲养相关的知识，如动植物的分类、植物的营养、植物的生长和发育、动物的生长与繁殖等知识。

④ 知道农业生产的相关知识，如作物种植的程序、农业的类型、果树的种植、病虫害、嫁接和养殖动物等知识。

⑤ 知道与农业相关的科技知识，包括农业工具、加工厂、信息技术等知识。

⑥ 通过在游戏中虚拟体验和游戏外的学习活动，掌握科学探究的方法，包括提出假设、实验验证、撰写报告等。

⑦ 通过游戏内外的小组学习活动，提高合作学习能力，增强团队协作意识。

⑧ 树立科学探究的精神，形成较高的科学探究的兴趣。

⑨ 形成知识分享的态度，增强合作意识。

⑩ 增强对社会的责任感，形成对环境保护的正确认识和对农业生产的认识。

《农场狂想曲Ⅱ》由香港中文大学资讯科技教育促进中心研发。该教育网络游戏模拟了一个农业生产与经营的环境，属于角色扮演类游戏。每位或每组学生可以在其中创建一个农场，以农场主的身份，对农场进行经营和管理。其中的一个农场图如图 5－4 所示。

1—用户拥有的金钱数；2—农场所在的位置；3—所在地区当天的天气状况；4—所在地区的时间；5—留言对话栏；6—工具栏；7—个人资料。

图 5－4 《农场狂想曲Ⅱ》中的一个农场图

《农场狂想曲Ⅱ》中的很多场景都是在模拟真实世界的场景，其中的数据都是根据真实世界中的数据而来的。气候指标是根据全球九大气候类型的天气统计而来的，比如说热带雨林气候，雨水多，温度高，那么在该气候的农田适宜种植水稻等作物，而不适宜种植小麦。

天气情况每天都在变化，游戏者要时刻关注天气的变化，如果降水过多，要注意防洪；如果气温持续走高，则要注意浇水，维持水分。这些模拟场景的真实性让游戏与真实世界建立了联系，游戏者几乎是在真实世界中进行种植和养殖。

那如何在游戏中进行科学探究呢？

在《农场狂想曲Ⅱ》中，每一块农田的指标都是由真实环境演化而来的。某一块农田氮、磷、钾、水分、酸碱值等的指标如图 5－5 所示。

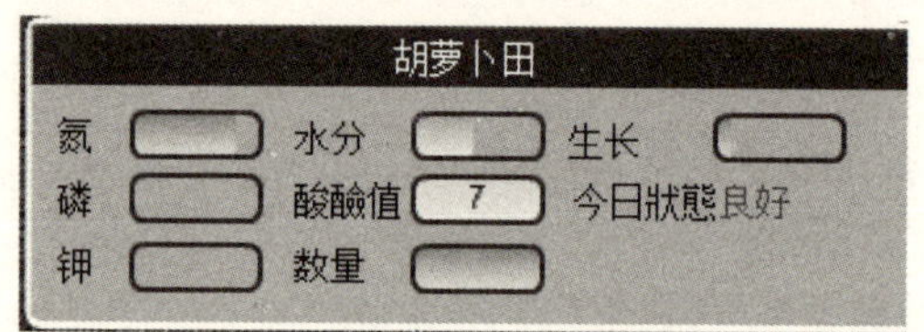

图 5－5　某一块农田的指标

探究观察是通过改变农田的一些指标来实现的。只要进行施肥（如施尿素，则氮含量增加）、浇水（如浇水，则水分增加）等操作，指标就会发生变化，可以通过数量和生长状态了解作物当日的生长情况。玩游戏的学生就是通过控制这些指标并观察作物生长状况来种植作物的。

正是由于具有这种真实、可控的设计，《农场狂想曲Ⅱ》为科学探究创造了学习空间。经营农场的过程，也是学习相关知识的过程，解决类似于真实世界中的农业问题的过程。

现在来介绍一组学生在游戏中的探究过程。

第三周的时候，小组开始确立探究的问题。经过一番讨论，小组决定研究“水分对小麦生长的影响”这个问题。

采用“控制变量法”，保证 A，B，C 三块田的肥料量相同，此时环境的温度及天气状况相同。

① 在 A 块田中加入充足的水分。

② 在 B 块田中完全不加水。

③ 在 C 块田中加入 50%的水。

结果：A 块田小麦等级为 C 级，而 B，C 块田小麦等级为 D 级。

经过三周以来的观察，学生们发现无论种植什么，土壤酸碱值总是保持在 7。难道这是农作物生长最佳酸碱值？

土壤的酸碱值对农作物生长有什么影响？改变它会导致农作物发病吗？又或者可以提高产量？

带着一系列问题，小组进入“土壤酸碱值”探究中。

为了更好地进行实验，实验前大家都去收集关于“土壤酸碱值”的资料，在对“土壤酸碱值”有了初步了解的基础上，他们开展本次探究实验。

经小组讨论决定，选择小麦为实验农作物，因为小麦适应性强，对水和温度要求不高，耐寒耐旱。而且地理老师介绍了冬小麦和春小麦的区别，所以相对来说，小麦是大家较为熟悉的农作物。

实验前，小组讨论应该在什么气候进行实验的时候，大家的意见不一致，有一位组员认为，可以在热带雨林气候种植小麦。小组合作，通过网上搜索、查阅书籍等途径，他们更加深入地了解了小麦的习性，大概知道各种气候的特征，发现这位组员的说法不可取，因为热带雨林气候的特征是全年高温多雨，而小麦是一种喜温、喜热、耐干旱、不喜水的作物，所以小麦不适宜在那种气候环境生长。经过小组协商后，大家一致同意在温带大陆性气候进行本次实验。

实验假设“小麦的最佳土壤酸碱值应该在 7 左右”。然后选定 A，B，C 三块田作为实验场地，在上面都种植了小麦，都在 4 月播种。在种植过程中，小组保障三块土地的肥料（氮、磷、钾）、水分等其他条件都相同。

实验步骤如下。

① 在 A 块田中增加石灰粉，增加土地的碱性，见图 5–6（a）。

② 在 B 块田中增加硫黄粉，增加土地的酸性，见图 5–6（b）。

③ 在 C 块田中不做操作并维持土地的酸碱值在 7 左右。

在实验中，他们细心观察三块田小麦的“生长状态”，并记录小麦“酸碱值”的变化情况，特别留意导致小麦死亡的酸碱度。

观察结果如下。

① A 块田的小麦死亡，见图 5－7（a）。

② B 块田的小麦死亡，见图 5－7（b）。

③ C 块田的小麦生长结果：生产状态良好，质量为 B 级。

小组认真分析实验结果后，得出结论：

小麦的生长土壤酸碱值为 6～8 均可，但以 6.8～7 的中性土壤酸碱值较适宜。

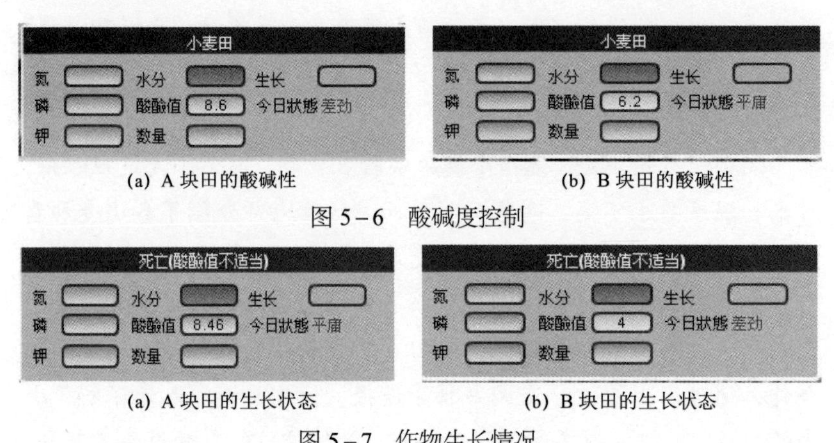

(a) A 块田的酸碱性　　(b) B 块田的酸碱性

图 5－6　酸碱度控制

(a) A 块田的生长状态　　(b) B 块田的生长状态

图 5－7　作物生长情况

从上面这个探究的案例中，可以看到这个小组的学习是多么努力，需要分工时就分工，需要合作时就合作，并且合作有针对性且高效。熟悉了游戏操作以后，小组探究的第一个问题是“水分对小麦”的影响，在探索得出初步结论之后，他们的探究并没有停止，而是在探究的过程中又生成了一个新的问题——“土壤酸碱值（对作物的影响）”。为了准备这次探究，小组成员还事先通过网络主动学习一些知识，然后开始了又一次的探究。

在上面的探究过程中，小组成员曾经因为选择种植小麦的气候问题而发生过争论。为解决争论，通过查阅网络、书籍，根据小麦的生活习性，结合各种气候的特征，成员统一了意见，决定将小麦种植在温带大陆性的气候环境中。更重要的是，在学习过程中，他们还获得了“水稻、可可等适宜生长在热带雨林气候”的知识。

这种合作冲突及问题的解决过程体现了高超的社交技能，也体现了小组成员的个人责任。这些都是合作学习有效发生的重要元素。

研究表明，利用《农场狂想曲Ⅱ》开展探究学习有助于学生掌握科学探究的方法，提高问题解决能力[①]。游戏隐含了以“问题”为中心的探究学习方式，学生在完成游戏任务的同时，也是在完成探究学习任务，无形中被强化了对科学探究的认识。

三、游戏何以能探究

我们知道了游戏与探究具有天然的一致性，也看到了在游戏中开展科学探究的可能性。或许你要问，哪些游戏适合用来开展探究学习？是不是一个解谜游戏就能够达到探究的功能？

其实不然。探究是一种比较复杂的学习模式，支持这种学习模式的开展需要专门的学习环境。比如说上文中的《农场狂想曲Ⅱ》，它既是一款游戏，又是一个简易的网上科学实验室。

从游戏的角度来说，较为复杂的网络游戏更适合用来开展探究学习。

韩庆年认为，网络游戏正是一个基于问题情境的、以学习者为中心的探究学习过程。他分析了一款脍炙人口的角色扮演游戏——《仙剑奇侠传》，从故事背景、角色系统、事件系统、动机系统、奖惩机制和支持系统六个维度进行了分析[②]。

---

① 蒋宇，尚俊杰，庄绍勇. 游戏化探究学习模式的设计与应用研究［J］. 中国电化教育，2011（5）：84－91.

② 韩庆年. 电脑游戏中的学习过程与学习模式研究［D］. 南京：南京师范大学，2003.

1. 故事背景

《仙剑奇侠传》取材于武侠小说，根植于中国的游侠文化。游戏中的主人公李逍遥是一对江湖情侣之子，由开客栈的婶娘一手养大。他素来爱奇思异想，不同于常人。整个故事讲述了他从一个名不见经传的小人物成长为江湖大侠的人生经历。《仙剑奇侠传》通过一系列的历险故事，塑造了一个正直、勇敢、机智的江湖侠客形象。

2. 角色系统

《仙剑奇侠传》有一个复杂的角色系统，形形色色的角色之间存在交错的关系。与其他一些网络游戏的游戏者可以自己创建角色不同，《仙剑奇侠传》的故事是一种单向、线性的结构，游戏者扮演的角色有一个成长机制。角色有一个禀赋系统，包括经验值、修行、体力、真气、武术、灵力等。角色随身携带的物品，有木剑、草鞋、头巾、披风和金钱等。刚出江湖的角色经验值为零，随着情节的发展，角色完成一个个任务，经验值会逐步增加。游戏者在游戏中的身份感由两个因素构成：一个是外部因素，指的是游戏者的社会关系，即角色之间的关系；另一个是内部因素，即上述的角色禀赋。

3. 事件系统

《仙剑奇侠传》是一个完整的故事，是由若干个按时间顺序排列的事件组成的，游戏者要根据情节的发展完成相应的任务，因而这个事件系统也可称为任务系统。

4. 动机系统

游戏者以角色的名义探究未知的故事，力图成功演绎角色，完成特定的情境任务，不断自我挑战，实现突破，解决难题。在《仙剑奇侠传》中，游

戏者能够经历不寻常的事件，在心理上虚拟地实现在日常生活中无法实现的愿望。

5. 奖惩机制

在《仙剑奇侠传》中，奖励发生在角色完成一定的任务之后，比如打败江湖恶魔，学会某些武艺之后，经验值和金钱数便会上升。在一些偶然的时机，角色也会得到意外的奖赏，如帮助弱者可能会意外学到奇门武功。

6. 支持系统

角色扮演游戏对游戏新手来说，入门便是一件困难的事情，如果没有相应的支持系统，很可能许多人会望而生畏。游戏的支持系统包括故事剧本、他人指导和形形色色的游戏攻略。游戏的故事剧本相当于电影剧本，介绍游戏的主要内容、情节线索，游戏者通过阅读剧本可以进行有指导的探索。

如果将“故事背景”置换成“学习情境”，将游戏者的“角色系统”置换为“学习者”，将“事件系统”置换成“问题系统”，将“动机系统”中角色行走江湖的行为置换成“探索活动”，图 5－8 左侧所示的模式（a）就变成图 5－8 右侧所示的模式（b）。

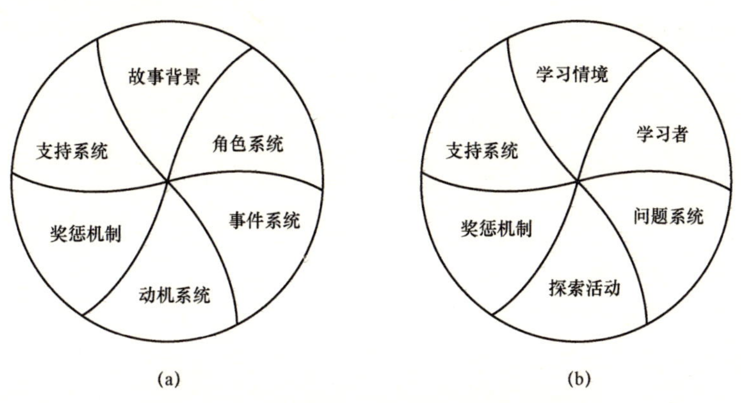

图 5－8　角色扮演类游戏系统及学习模式

游戏中的问题不是孤立的、脱离情境的，而是组成了一个前后相继的问题系统。在这样的问题系统中，学习者对问题能产生一种纵深方向的历史感。问题的解决并不旨在让学习者获得更多的信息，而是让学习者体验问题解决的过程。可以说这是一种注重过程而非结果的学习模式。角色扮演游戏的过程可简略表示，如图 5-9 所示。

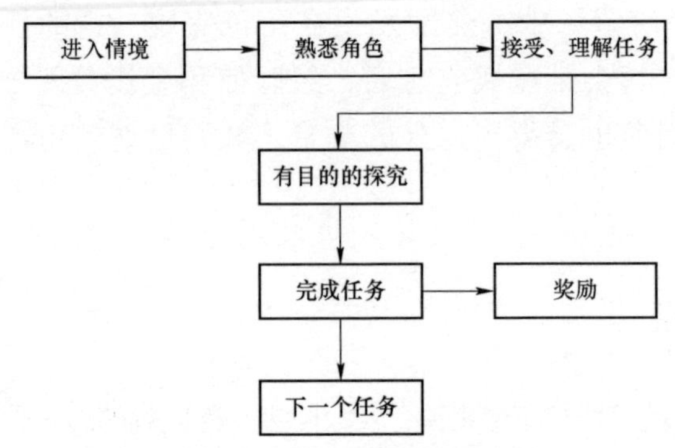

图 5-9　角色扮演游戏的过程

但是，网络游戏毕竟不是为了教育而专门开发的，直接用来探究会存在一系列问题，主要表现为：

第一，游戏情境过于复杂，有很多无关的因素，如果用来学习，就会造成学习者的学习负担过重，学习任务难以聚焦。

第二，在完成一些游戏任务时，当下有一些游戏是通过砍杀玩伴才能够完成的，这种行为在游戏中会得到奖励，但对于学习来说，它并不可取。

第三，如果没有专门的设计，在一些游戏中会出现一些很夸张的因素，这些都可能让学习者分心，使学习者的精力过多地集中在游戏本身，而不是在学习上。

尽管有这样或那样的缺陷，但是研究者们也时刻没有忘记大型网络游戏用于探究学习的价值，尤其是在创设问题学习环境方面，大型网络游戏较传统游戏有巨大的优势。

正如著名的游戏研究专家迪基（Dickey）所说的那样，大型多人在线角色扮演游戏的角色设计和叙事环境有助于激发学生的内部动机，叙事环境还提供了多个小型探究任务，叙事结构的设计可以促进多种知识的学习，因此

其对交互学习环境的设计很有启发[①]。因此，从网络游戏中汲取经验来设计学习环境也成为研究者热衷的一个议题。

加里斯（Garris）、阿勒斯（Ahlers）及德里斯克尔（Driskell）[②]整合有关教育游戏的文献提出一个游戏化学习模式，该模式首先整合学习内容和游戏特性，设计出一个游戏化学习环境，然后会引发一个学习循环，该循环是一个让学习者面对问题并判断、执行，然后得到系统的反馈的循环，该循环是有趣的，能够让学习者愿意持续花时间在这个循环中，最终达到学习目的。

游光昭等人则融合了加里斯等人的电脑游戏学习模式与乔纳森提出的建构主义学习环境模型，提出了如图 5－10 所示的网络游戏化的建构式学习环境模式[③]。该模式首先是整合网络学习的内容、游戏的特性与建构式学习环境的特点，进而去设计出一个网络游戏程式。按照这种程式设计的网络游戏以问题为中心，能让学习者不断面对游戏的问题或挑战，学习者可利用学习资源、认知工具、合作对话等去进行网络学习来解决问题，且解决完问题后借由游戏系统来给予游戏式的奖励或回馈，进而再次地引发另一个问题与学习循环，最终达成特定的学习目标。

《探索亚特兰蒂斯》（*Quest Atlantis*，QA）是由美国印第安纳大学教育学院萨莎·巴拉（Sasha Barab）教授等人开发的一款教育网络游戏。该游戏集学习、娱乐和培养学生责任感于一体，主要针对 9～15 岁的儿童。该游戏自 2002 年免费向全球开放至今，已有数万名儿童注册，并被美国、澳大利亚、新加坡、丹麦等国家的中小学教师应用于他们的课堂教学中[④]。

QA 的背景故事是帮助亚特兰蒂斯（Atlantis）委员会重建亚特兰蒂斯文明。亚特兰蒂斯变得日益拥挤，环境污染也越来越严重，社会道德日益沦丧，社会文化日益衰败，亚特兰蒂斯急需地球上人类的帮助，以拯救亚特兰蒂斯文明。

---

① DICKEY. Game design and learning：a conjectural analysis of how massively multiple online role-playing games（MMORPGs）foster intrinsic motivation［J］. Education Technology Research Development，2007（3）：253－273.

② GARRIS，AHLERS，DRISKELL. Games，motivation，and learning：a research and practice model［J］. Simulation & Gaming，2002，33（4）：441－467.

③ 游光昭，萧显胜，蔡福兴. 网络游戏化的建构式学习环境模式之设计［C］//第十届全球华人计算机教育应用会议（GCCCE2006）论文集. 北京：GCCCE2006 组委会，2006.

④ 肖静. 对美国 Quest Atlantis 项目的分析与借鉴［J］. 中小学信息技术教育，2009（9）：65－66.

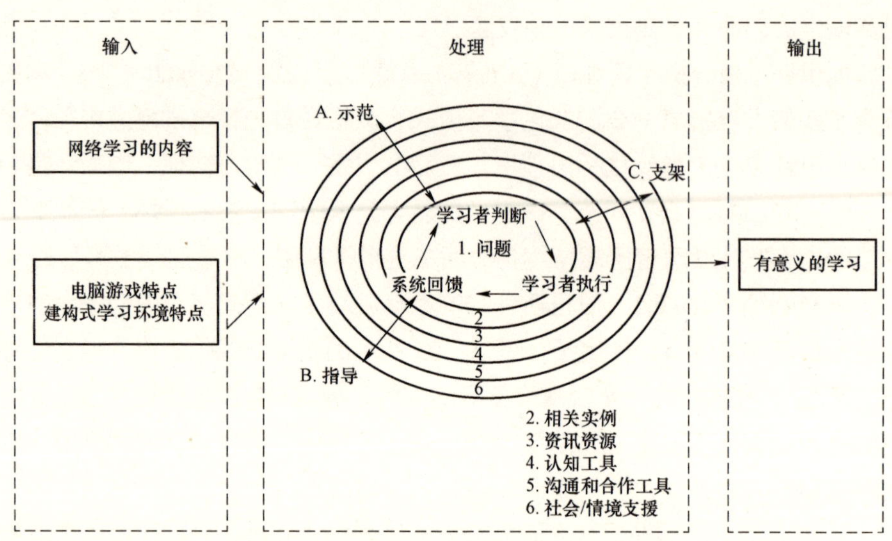

图 5-10　网络游戏化的建构式学习环境模式

游戏的虚拟空间由统一世界、文化世界、生态世界和健康世界组成。每个世界分为 3 个村庄，每个村庄都提供覆盖不同难易程度的一系列问题。

QA 整体界面如图 5-11 所示。

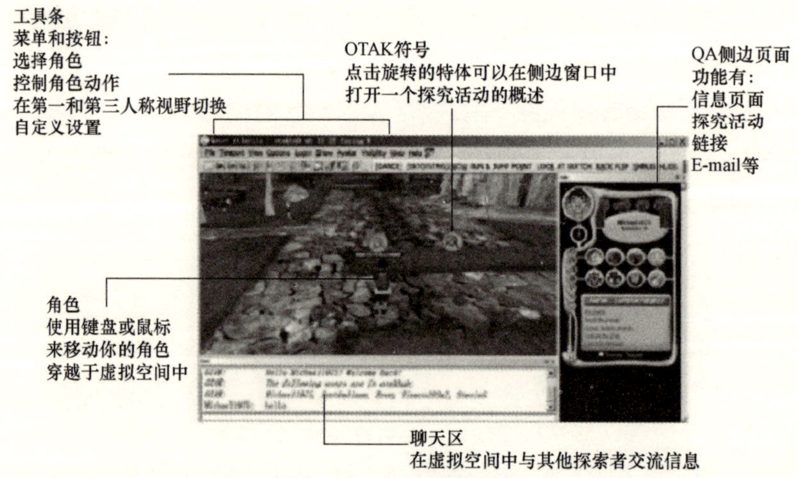

图 5-11　QA 整体界面

QA 致力于将游戏、学科课程和社会责任感的培养融合到具有社会意义的活动中，希望儿童通过参与游戏，成长为在现实生活中有知识、有责任感和有同情心的社会公民。QA 的游戏任务与美国课程内容紧密地结合在一起，分为“探索”“使命”“单元”三个层级，且每一层级的任务都以学科课程中提炼出来的复杂问题为核心。

“探索”是最基本的活动单元。“探索”分布在游戏的每一个世界中，并用一个旋转的 QA 图标呈现在 3D 的环境中。“探索”是一个既具有娱乐性又具有教育性的吸引人的课程任务单元。每一个“探索”都与课程标准和游戏所倡导的社会责任紧密相关。每一个“探索”都有描述、目标、资源三个部分内容。每一个“探索”都需要学习者在线提交探索的结果及自己的反思，提交反思的目的是促进儿童元认知的发展。目前 QA 中的“探索”已超过 500 个。

“使命”是比“探索”更大的活动单元，通常包括许多任务，这些任务被一些共同的问题和故事情节组织在一起。“使命”可以包括多个“探索”或者其他简单的活动。完成“使命”通常需要在 3D 环境中的不同地点走来走去，并且需要与 NPC 进行交流。QA 中的一些“使命”对所有的探索者都是开放的，探索者可以根据自己的兴趣自愿选择并完成；而另一些“使命”则需要由教师激活。

“单元”则是专门提供给教师的课程计划，负责将现实世界的问题和虚拟世界的活动联系起来。这些课程计划事先已经由学科专家和教育技术专家按照美国的课程标准设计而成，其特点是将现实世界的问题和虚拟世界的活动联系在一起，让学生在游戏的同时探索特定的学科内容。QA 中目前有 5 个“单元”，分别是语言艺术、数学、媒体素养、科学、社会研究。每一个“单元”通常由 3～8 个“使命”组成，每一个单元都有明确的单元目标和学习时间，所有“单元”都有完整的支持文档（包括前测和后测）。教师可以通过 QA 中的教师工具包选择并激活自己所需要的单元。

QA 中三个层级的任务设计如图 5－12 所示。

在 QA 中，师生各司其职。学生在游戏活动中学习，并肩负着重建亚特兰蒂斯文明的使命。教师登记班级学生，管理任务，引导学生探究和反思，浏览和分发功课，并以亚特兰蒂斯委员会的名义对学生提供反馈。

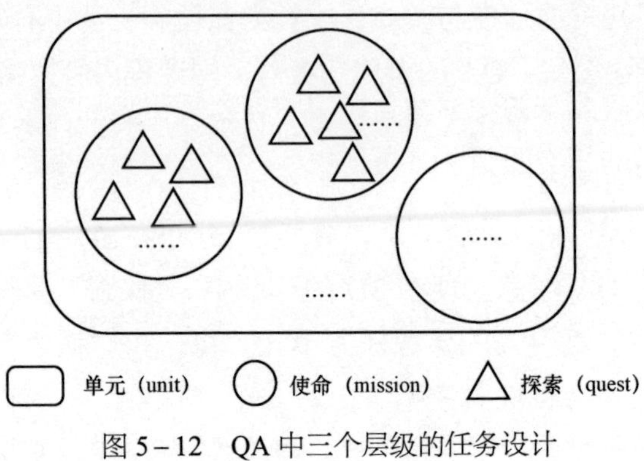

图 5－12　QA 中三个层级的任务设计

总体来看，QA 的关键元素包括：一个支持活动的神话背景，即拯救失落的亚特兰蒂斯文明；一个在线交流的场所，连接了学生、导师及 NPC 角色；一套先进的系统，主要关注活动教学，鼓励学生参与学术活动和社会活动；一套成熟的激励机制，对做出贡献的学生给予特权和积分奖励，并为每个学生提供个人主页，用以存储他们的作品，显示他们进步的情况。

在 QA 中，科学探究包括了三个核心要素[①]：

首先，参与到故事情节（即“情境”）中。这需要设计一个个吸引学生的故事情节，将特定学科内容置于情境之中，而使知识从用来记忆的事实或概念转变为用来解决问题的有用工具。故事情节的发展则需要科学探究的推动，而使用游戏技术则可以超越静态和线性的叙事，实现交互式的叙事——“读者”能够与创作者共同决定故事的发展。

其次，简化表征（inscription）的建构/解构（核心“资源”，如图形、图表、模型和概念等）。知识或信息的简化表征需要深刻地理解，需要从大量的叙述中提炼出特殊的数据。例如，用图表来表示腐蚀的过程，用方程式来表示时间、距离和速度的关系。

最后，科学探究（核心“实践”，如使用工具和对象、应用概念去推理）。在某一学科领域中应用特定的知识解决问题的实践是科学探究的过程。这种

① 马红亮. 教育网络游戏设计的方法和原理：以 Quest Atlantis 为例［J］. 远程教育杂志，2010（1）：94－99.

实践可以是概念性的或者工具性的，且有多种表现方式，但常常涉及某人使用资源来开展一项活动。

“Taiga 公园”是 QA 的一个虚拟公园。该公园的鱼群数量不断减少，作为当地重要财政收入来源的渔业公司威胁着将撤出该地。对于鱼群数量减少的问题，该公园的三类团体（土著居民、伐木公司及渔业公司）相互指责，事实上这三类团体都对鱼群数量的减少负有一定的责任。学生通过参与这一单元的活动，学习了一些概念，形成了一些技能，形成了环境保护意识。

此外，该单元还需要使学生认识到科学决策的复杂性，因为在决策过程中不得不平衡道德、经济、政治和自然科学的关系。而在学生与 NPC 互动时，会触发一个对话树。在该对话树中，学生如果选择不同的选项，就会呈现不同的对话内容和相应页面。

QA 是一个开放的教育网络游戏。在 QA 中，学生们除了通过丰富的探究活动来学习符合课程标准的内容外，还形成了对重大环境和社会问题的社会态度。QA 不是将学习和玩耍简单地放置在一起，而是努力使学习充满乐趣，同时使学生们认识到他们能够对社会有所作为。实际上，QA 重新改造了电子游戏，以一种负责任的态度和社会反映良好的方式来使用这种故事媒介的现代表现形式，同时消除了当前使用这种媒介所出现的一些问题[①]。

四、游戏化探究是未来方向吗？

为什么要强调探究学习呢？

这得从探究学习的起源说起。

“探究学习”这个术语尽管在 20 世纪 60 年代才被人提出，但早在 1909 年，杜威在美国科学进步联合会的发言中，就对当时教育者们对科学教育的

① 马红亮，李晓雯. 将社会责任感的培养融入教育网络游戏[J]. 现代教育技术，2010(10)：102－105，117.

方法提出了批评。在 1909 年以前，大多数教育者认为科学教育的方法主要是通过直接教学让学生学习大量的科学知识、概念和原理。杜威在批评中说，科学教学过于强调信息的积累，而对科学作为一种思考的方式和态度没有予以足够的重视。他认为科学教育不仅仅是要学生学习大量的知识，更重要的是要学习科学研究的过程或方法。

从 1950 年到 1960 年，探究作为一种教学方法的合理性变得越来越明确了。教育家施瓦布指出："如果要学生学习科学的方法，那么有什么学习比通过积极地投入探究的过程中去更好呢？"这句话对科学教育中的探究性学习产生了深远的影响。施瓦布建议科学教师首先要到实验室去，引导学生体验科学实验的过程，而不是在教室里照本宣科地教授科学。

1957 年，苏联发射了人造地球卫星，激发了美国新课程新教材的开发，许多课程教材编制得到了美国国家科学基金会和其他联邦机构及私立基金会的资助。这些教学材料的一个共同点是对学习科学的过程比对掌握科学知识给予了更多的重视。

20 世纪 50—70 年代的改革，使应发展学生的探究能力及把科学理解为探究的过程的观点得到广泛的传播。

"探究学习"在我国引起重视是在 21 世纪初的新课程改革时。当时，我国正处在建立社会主义市场经济体制和实现现代化建设战略目标的关键时期，我国的教育观念、教育体制、教育结构、人才培养模式、教育内容和教学方法相对滞后，影响了青少年的全面发展，不能适应提高国民素质的需要。

在我国中小学的教学中，探究学习作为一种学习方式已经实行多年。例如，在中学的物理、化学等科学类课程中，实验就是探究的一种具体形式。学生根据实验目标和内容，分解实验任务，设计实验的假设，然后分工解决任务，做好记录进行分析，从而得出结论，或验证或修正假设。在科学课程中，探究本身就是一种常态化的学习。

这种学习在教学实践中出现了一些弊端。

第一个弊端就是仍然过于注重知识的传授，实验探究的客体仍然是客观存在的真理，有明确的答案，这种教学往往会让老师和学生忽视实验的过程，如果为了教学的方便而将社会－科学知识简化为一些事实或抽象概念时，这

些知识的意义将会被减弱[①]。

第二个弊端就是在我国中小学，尤其是在一些条件较差的学校，不是所有的学生都有做实验的机会，教材上要求的学生动手实验经常被老师当成演示实验。

这两个弊端使本身注重培养科学精神、掌握科学方法、体验科学探究过程的探究学习成了死记硬背实验结论、旁观获得真理，学生的探究学习能力没有得到提高。

此外，科学课程中的实验探究只是探究学习的一种形式，用于社会科学课程教学时并不合适。

因此，在新课程改革中，我国提出了“研究性学习”方式，以课程名义来整合所有学科的探究学习，并且倡导将探究学习开展到学生生活中去，与学生真实的生活情境联系起来，让学生真正获得解决实际问题的能力。

而游戏的出现，或许可以避免上述一些弊端。从上文的案例来看，游戏用于探究学习会有如下好处。

1. 进一步激发学生的学习动机

布鲁纳等人认为，学习是由学生的内部动机驱动的积极主动的建构过程，因此激发学生的动机在学习中尤其重要。有研究表明，利用游戏给学生创造“流体验”，学生的学习更容易沉浸，从而达到深层参与[②]。游戏能够促进学生保持较高动机的学习，这对于探究学习和体验学习都很重要。

2. 创设探究的情境

有学者认为，将任务镶嵌在有意义的接近真实的情境之中，而不是用抽

① BARAB，SADLER，HEISELT，et al. Relating narrative，inquiry，and inscriptions：a framework for socioscientific inquiry［J］. Journal of Science Education and Technology，2007（1）：59－82.

② KETELHUT，DEDE，CLARKE. A multi-user virtual environment for building higher order inquiry skills in science ［EB/OL］(2010－07－10)［2018－08－30］. http：//muve. gse. harvard. edu/rivercityproject/documents/rivercitysympinq1. pdf.

象方式提出大量问题，有助于激发学生参与交互式学习的积极性[①]。游戏中的探究非常强调让学生在利用游戏创设的近似真实的情境中去提出和解决真实的问题。游戏的物理引擎和经济数据如果能够基于真实的模型来构建（如QA），就更加具备科学性。

游戏中的探究分成以下3个范畴。

（1）观察过程

即通过感官获得有关现象的信息的过程，包括观察、比较、分析、序列化、测定、发现变量、条件统一、实验等。

（2）信息处理与表达过程

即处理所获得的信息并用适当的符号表达该信息的过程，包括图表化、符号化、数据解释、预测、传递、操作性定义、问题的发现等。

（3）理论化过程

即超越假设的推论、模型化、理论等所掌握的信息，求得具有普遍性的法则的过程，包括条件控制、设立假设、推理、模型化、抽象化。

在《农场狂想曲Ⅱ》教育网络游戏的实验研究中，学生群体的学习行为按时间序列大致可以分为“为游戏而学习”“为学习而游戏”“从游戏中学习”3个阶段。

刚接触游戏的那段时间，学生是为了掌握游戏操作而主动学习与游戏相关的知识；接下来，学生为了完成小组学习任务，主动设定目标，利用游戏来验证自己的想法，开展实验研究；学生有了学习目标进入游戏之后，在游戏引擎的带领下，从游戏中学习。

3. 更加积极主动地合作

同伴之间的相互合作，可以使学习者对问题的认识更加全面，对意义的建构更加准确。游戏本身就非常强调合作，加之游戏外的合作学习活动，可以帮助学生从多种观点中建构知识和价值。事实上，在一些网络游戏中，由于要解决的都是比较复杂的问题，必须依靠团队的力量才能解决，游戏者之

① 何克抗，郑永柏，谢幼如. 教学系统设计［M］. 北京：北京师范大学出版社，2002.

间存在复杂的认知交流和认知协作[①]。

学生在游戏中有共同的目标——升级和赚钱，这样很容易把学生的注意力集中起来，他们为了这个游戏目的，不得不去讨论和相互提问，因此小组之间的合作和讨论会更加主动。

游戏中的探究学习是一种基于信息技术的学习，主要的合作学习有“竞争”“课堂讨论”“协同”3 种形式。

（1）竞争

游戏的“竞争”特性可以较好地促使探究中的竞争，学习者在玩游戏的过程中，角色的等级、个人拥有的物品、装饰、金钱等游戏因素都可以作为学生竞争攀比的指标。此外，在游戏中进行体验学习的学习结果也可以外化为产品，作为学生竞争的目标。

（2）课堂讨论

“课堂讨论”通常有两种不同的情况：一是学习主题事先已知；二是学习主题事先未知。在事先未知这种情况下，只有事先确定的目标（如完成某某任务），而具体完成目标的方法并不清楚，需要学生经过讨论等方式进行发现和概括。游戏中的讨论多是事先未知的，相对于有主题已知的讨论，这种讨论对学生能力的要求更高，学生更应该互相倾听对方的发言。

（3）协同

“协同”是指多个学习者共同完成某个学习任务，在共同完成任务的过程中，学习者发挥各自的认知特点，相互争论，相互帮助，相互提示，或者进行分工合作。游戏中的探究协同通过公共的工作区、游戏中的交流区、游戏场景中的工作区来实现，一般都要进行紧密的合作或分工才有可能解决。

4. 游戏提供“虚拟实验室”供体验

游戏可以创设近似真实的环境，有些游戏还可以构建一个几近真实的世界。在游戏中，学习者也可以进行体验学习：第一，这种体验学习的环境是利用技术对社会场景进行营造和模拟的，去除了很多无关或危险的场景；第二，

① 陶侃. 数字游戏中的心理动作与认知发展［J］. 中国电化教育，2010（1）：68－72.

这种体验有别于真实情境中的体验，是在游戏中完成任务，因此具有趣味性；第三，在游戏中的体验过程对现实生活中的体验影响很小，甚至不会对现实生活产生影响；第四，游戏给学生提供了一个体验环境，他们可以在此进行实际操作，增加了学生的动手操作的机会，可以引导学生提出具体的问题。

从体验学习的阶段来看，体验学习往往是从具体经验开始的，而游戏化探究中的体验是从游戏中的“具体”经验开始的：学习者以个人或者小组进入游戏情境中；然后在任务的指引下去完成任务，在完成任务的过程中，发现问题并获得游戏中的“具体”体验；发现问题后，学习者进行反省和反思，对已有的经验和刚才的发现进行总结和提炼，继而对所获得的体验进行抽象和概括，形成一般性的知识或游戏经验；最后对这个一般性的知识和经验进行应用。这 4 个阶段构成了游戏中的体验学习过程，如图 5－13 所示。

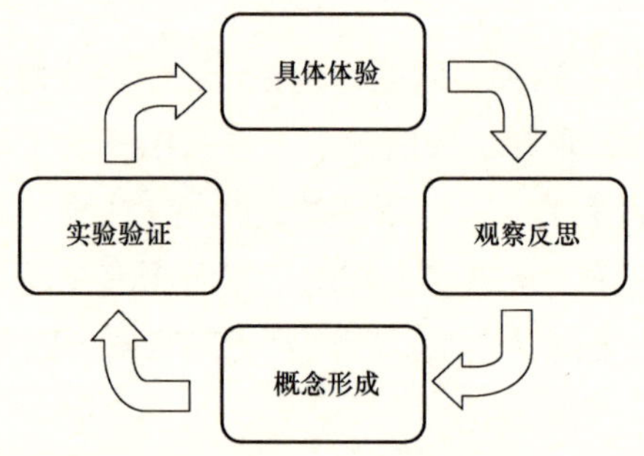

图 5－13　游戏中的体验学习过程

在体验学习中没有很明确地指出学习者发现问题后，反省反思和抽象概括的具体行为，而在游戏支持的体验学习中，反省反思和抽象概括行为主要就是以“问题”为中心的探究。

综上，游戏应用于探究具有很大的成效，可以促进探究学习目标的实现，但是也存在以下一些问题。

① 大多数游戏的学习目标不明确，如果老师不给约束条件和明确的任务要求，学生的学习就会变得比较低效。

② 究竟是对游戏感兴趣还是对学习感兴趣，这是一个尚待考证的问题。如果教师不给学习任务，学生就只知道赶紧升级。

③ 学生在游戏中探究获得的能力能否往现实迁移也是一个尚待考证的问题。

第六章

游戏与领导力

我们正在从一个一切都为我们安排好的世界，进入一个要我们自己参与更多的世界。在这个世界里，我们将为自己的未来担负更多的责任，我们要为自己安排，要自己去安排。而游戏，正为每一位玩家提供了为自己安排、自己去安排的机会。特殊的环境为领导力的培养提供了空间，为人人成为领导者提供了实践的机会。

一、一场输不起的战斗

苏联正在逐步实施其征服西方世界的战略计划，为了能尽快地统治占领区，苏军派遣了大量的辐射步兵在清除被占领的城镇，多数毫无抵抗能力的平民被杀。但这并未结束，之后苏军会在被占领的城镇建造机场，以得到空降兵支持，利用援军在城镇内进行地毯式搜索，消灭城镇幸存者。这次任务的地点是在英格兰城堡，该市于不久前成为战争前线，不过已被苏军攻陷，而且苏军也已经在城中建造起了机场，空降兵源源不断地到达。

一支盟军空降特遣部队正在前往该市的途中，并将接受你的指挥。你的任务十分简单——阻止苏军的推进，保护城中的平民。摧毁苏军的机场，可延缓苏军的推进速度，这样一来，可以为我们争取到重建防御体系的时间，从而来阻止苏军的入侵。

如上是即时战略类游戏《红色警戒》（简称《红警》）中“辐射之日”的任务简报，这个任务的设计和描述都非常逼真，犹如真实的战斗一样。

游戏的总任务是“阻止苏军的推进，保护城中的平民”，总任务被分成4个子任务：

任务1　查找并指挥盟军；

任务2　驻守通信中心；

任务3　摧毁全部5座机场；

任务4　保护城市中的平民。

整个游戏都是由类似的各种各样具有挑战性的任务驱动的，目标由易到难，以任务分解、自由选择、随机进入的机制来建构[①]。

① 韩庆年. 电脑游戏中的学习过程与学习模式研究［D］. 南京：南京师范大学，2003.

延伸阅读

红　警

《红色警戒》，一般简称《红警》，是由Westwood及EA开发，由美国艺电游戏公司发行的一款即时战略类单机游戏。其续作有《红色警戒2》（2001）及《红色警戒3》（2008）。

《红警》系列的主故事背景是盟军与苏军之间的战斗，3个版本都延续了这一宏观背景，在每个版本中，盟军和苏军都有一个最后的结局，但每个版本都有所区别。

第一版包括21个盟军任务，20个苏军任务，24幅联机地图；第二版阵营依然是由美国领导的盟军（包括美国、英国、德国、法国、韩国）和由苏联领导的苏军（包括苏联、伊拉克、利比亚、古巴）组成，有战役模式（人物）和遭遇战模式（玩家自定游戏）两种，首次推出了繁体中文版本；第三版的操作更偏向于时代化，而相应的竞技性有所下降，且增强了对玩家的综合判断能力的要求。

《红警》系列还具备非官方模组（modification），即玩家俗称的扩展版或MOD。使用XCC Mixer等软件可以将游戏中的一些隐藏的配置文件解压出来，通过修改这些配置文件，玩家可以更改游戏各方面的属性，从而制作自己的DIY版本，玩家还可以修改所有单位的基本属性，如攻击力、造价等，玩家甚至可以创建自己的新单位。目前有如下优秀的MOD系列：

①《心灵终结》;

②《神龙天舞》;

③《尤里零点行动》;

④《隐风之龙》;

⑤《兵临城下》;

⑥《反恐联盟》;
⑦《科技时代》;
⑧《捍卫者》;
⑨《龙之梦》;
⑩《英雄无敌 5.26 NEW》;
⑪《第三帝国之崛起》;
⑫《无敌之师》。

《红警 2》截图如图 6－1 所示。

图 6－1 《红警 2》截图

与角色扮演类游戏不同的是，玩家在玩此类游戏时，不用作为宏大剧情中的一个角色从头至尾来玩，而是成为一位指挥官，指挥千军万马去完成任务。玩家对各种资源的调度成为游戏的主要活动，主要包括生产、组队、行走、攻击等。

游戏刚开始时，玩家被置于一个战斗情境中，首要任务是建设自己的基地，如建设发电厂、采矿厂、兵工厂、导弹发射基地等，用派遣部下出去挖矿所获得的金钱制造所需的武器、战斗用的士兵、猎犬、工程师等。在交战过程中，兵力、武器都会大量消耗，要及时补充，所以挖矿挣钱、基地生产必须是持续的，而不是一劳永逸的。生产出这些武器和兵力之后，一般还要对他们按类别进行编号、组队，以便集中调度，攻击敌人时火力会更猛，受到袭击时也更有耐力。作为指挥官，应让部下小心翼翼地探索，防止敌人在

暗处偷袭，逐步开拓未知领域，向敌人的基地进发。地图上未被开发的地方一片黑暗，可能是道路、桥梁，也可能是敌人的兵营。如果在途中与敌人狭路相逢，就必须根据敌方的防备和火力状况，相应地快速选择武器、兵种及攻击方式，尽量快速结束战斗并使损伤最小。

此类游戏没有固定的情节，却留给玩家广阔的活动空间，大到整个战争的决策，小到每一个建设或毁灭的活动，都由玩家自己控制，每次小任务结束之后就有及时的反馈，到敌方全部被消灭的时候，也是游戏结束之时。

在本书第二章中介绍的“人皇”Sky在WCG中获得胜利的游戏——《魔兽争霸》是世界上最受欢迎的即时战略游戏，该游戏包含了大多数即时战略游戏所具备的要素：采集资源、建设基地和指挥战斗。它还有许多其他同类游戏所没有的特点，比如它有“英雄”，“英雄”的出现使得这款游戏既注重团队精神，又有显示个人魅力的空间。此外，《魔兽争霸》游戏的角色还分成4个种族（如《冰封王座》中有人族、兽族、暗夜精灵和娜迦族），每个种族，作为领袖的“英雄”都不一样，修建的建筑、采集的资源和兵力武器也各不相同，既增加了游戏的可玩性，也让玩家实现了有一些角色可扮演的梦想。

在即时战略类游戏中，玩家的活动主要是采集资源、建设基地（如生产兵力和武器）、指挥战斗。

单一玩家独立控制采集（资源）和生产环节，通过战斗与其他玩家发生联系，领导行为表现在所有环节中，如图6－2所示。

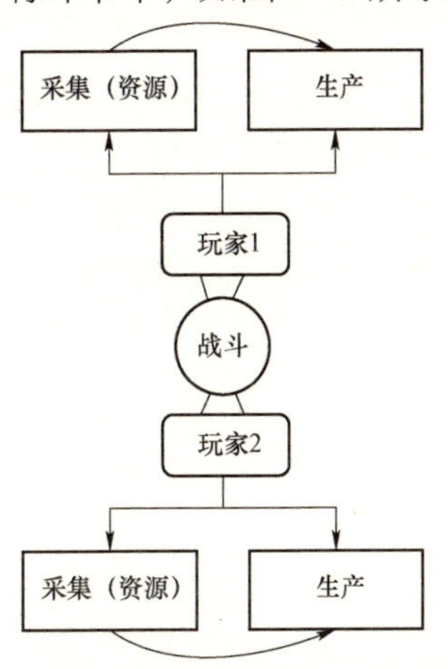

图6－2　即时战略类游戏中的决策示意图

在以玩家为中心的环境中，玩家作为整个生产活动、战斗活动的指挥官，同时派遣任务，调配资源，组织生产，需要有高超的操作技巧，强烈的团队意识，细微的洞察能力及智慧的头脑。

如果将玩家置于其所控制的团队中（实际上只有他自己是真人而已），完成任务就是领导者带领组织实现组织目标的行为。玩家越有执行力、决策力和思考力，带领大家实现的组织任务目标越多，领导能力就越强。

二、人人都是领导

近年来，“领导力”已经从管理界走向了大众，几乎没有一个行业不谈领导力，没有一个专家否认领导力的重要性。在百度上搜索“领导力”，可以得到 24 100 000 多条信息，在 Google 上输入“leadership”，也能看到 468 000 000 多个结果。

那究竟什么是领导力呢？人人都需要领导力吗？

领导力是舶来品，英文是“leadership”。从 leadership 词根上讲，leith 是“向前（to go forth）”“突破瓶颈（to cross a threshold）”或“蜕变（to die）”的意思。因此，leadership 的本义是勇于向前、突破瓶颈、创造蜕变。由此可见，西方 leadership 的定义本体是突破、提升和蜕变。

而在东方文化中，没有“领导力”这个词，在《说文解字》《康熙字典》《新华字典》中，有“领”和“导”，在《现代汉语词典》中，出现了“领导”这个词。

领的字源是颈，脖子，可以看出，领更多就是其头、前部的意思，在象形字中，这是一个人手拿令牌，就是有权势的头人，这个头人可以有生杀大权！

导的字源是手牵而行，进而演化的字形是两旁车马护卫，前部遇水，

而牵引后部行进。

在《现代汉语词典》中，“领导”一词是由同义为“带、引”的“领”和“导”并列合成的，就是“率领并引导”的意思。作为名词时，“领导”指“担任领导工作的人”。

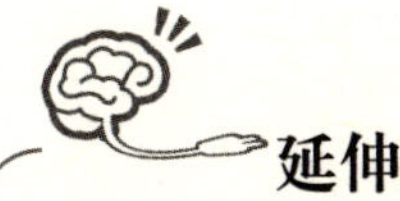

延伸阅读

与 Leadership 相关的三大价值观

1. 自我人生观：人人都可以创造自我的人生，每个人都是自我的主人，父母、老板、政府等都是为我所用的，他们最好的作用是为我的成功创造一些环境，给予一些帮助，但人生要靠自己。

2. 人生潜力观：每个人都有潜力，每个人都可以突破自我，成就自我，人生的最大意义就是实现自我。

3. 自我领导力观：人人都可以有领导力，每个人都可以激发自我，成为具有领导力的人。

西方文化和教育的宗旨就是挖掘每个人的潜力，让他们实现具有领导力的光辉人生。

在这种价值观的大文化背景下，领导力与每个人都有了密切的关系，具有领导力是人生的追求，也是事业的追求。

中国“领导”的三大价值观也值得关注。

1. 统治观：领导才是人上人，要做统治者，要做可以发号施令的人。因此，人人都应该去争取得到权势和地位，“一人得道，鸡犬升天！”。

2. 圣人观：如何去领导好社会呢？应把那些统治者树立成学习的好榜样，要走“圣人之道”，方能兴国安邦，使天下太平。孔子周游列国，就是为了传授这些圣人之道。

3. 服从观：每个人都要服从，“君君臣臣，父父子子”，要做好自己的角色，绝对服从。

在中国文化里，领导概念与权位紧密相关，如果要讲领导力，也就是讲权力，是涉及少数人的范畴。而西方的领导力概念，是具有普及意义的“非权力领导力”，是影响力，是魅力。

今天，在成百上千的大学中，很少存在真正普及意义的领导力专业或学科，我们的领导力研修基本是针对领导干部进行的。不像在美国，领导力几乎遍布社会的每个角落——家庭、学校、社区和公司，而在大学里的领导力专业和研究院也是数不胜数。

——改编自唐荣明《正本清源：什么是领导力？》

领导力的定义主要来自西方学者的研究，定义有 100 多个。管理学大师德鲁克将领导力定义为业绩和成就，认为：“领导力能将一个人的愿景提升到更高的目标，将一个人的业绩提高到更高的标准，使一个人能超越自我获得更大成就。”

世界级领导力名家约翰·麦克斯威尔（John Maxwell）认为：“领导者是知道方向，指明方向，并沿着这个方向前进的人。”

拉尔夫·海菲茨（Ralph Heifetz）将领导力定义为行动、应变与发展：“领导力就是能激发社会或组织的人去解决难题，适应社会并促进社会发展的能力。”

唐荣明在对比了 100 多个定义之后，将领导力定义为，通过自我的不断修炼和不断提升，实现对他人的影响力，促使他人不断努力和成长，最终实现具有价值的结果[①]。

不管何种定义，大致可以看出，领导力不仅包括领导本人的能力和素质，也包括对他人产生影响的能力，领导力不是单一的权力，是各种思考力、决断力、执行力等能力的统一体。虽然权力是领导力的一部分，但是不代表领导力就只有权力因素，相反，非权力因素是领导力的重要组成部分，如领导艺术的发挥，激励了组织成员的积极性，使组织成员之间的关系变得融洽，

① 唐荣明. 正本清源：什么是领导力？［EB/OL］（2013－04－27）［2018－06－20］. http：//www. ceconline. com/leadership/ma/8800066874/01/.

形成富有凝聚力的组织文化[①]。

领导力的范畴涉及领导者、领导（行为）、被领导者和领导成果[②]。在图 6–3 中，大家可以看到以下几个关键部分。

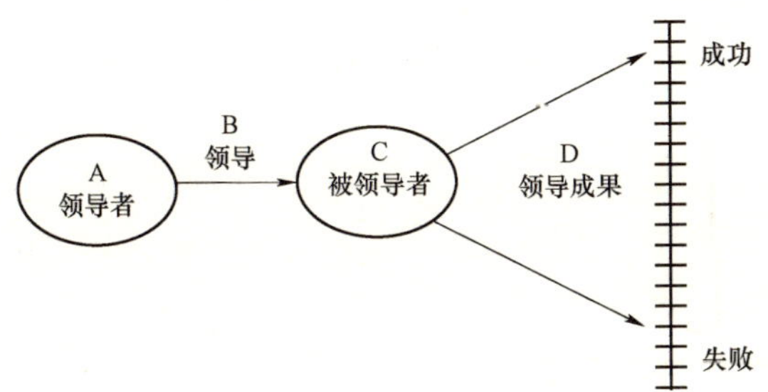

图 6–3　领导与领导过程

A. 领导者：施加领导行为的人。每个人都可以成为领导者，都具有影响力，领导者不是少数人的权利。

B. 领导（行为）：是指领导的过程，要用各种手段去激发被领导者，使他们成功。

C. 被领导者：可以是一个小群体（小到一个人），也可以是一个大群体，大到一个公司、社会、国家，甚至全球。

D. 领导成果：成功或失败。

领导力分为两种，即“权力领导力”和“非权力领导力”。权力领导力，简单地说就是权力，是指由岗位带来的一系列对人及事物的权力所产生的领导力，如对人有晋升或开除的权力，对物有某些决定财务支出的决策权力，这种领导力是刚性的，是跟着岗位走的；而非权力领导力是由人自身的人格魅力所产生的影响力，它来自人自身的修炼和成长，来自他人发自内心的尊敬和信服。这种领导力是柔性的，与岗位无关。

领导者未必就有领导力，在岗位上的领导者有的只是权力，但不一定有影响力。他们在这个位置上的时候，有这种权力，能够指挥他人，但如果不

① 徐丹. 论领导者的非权力性领导力［C］. 湖南省领导科学学会第六次会员代表大会暨纪念新中国成立 60 周年理论研讨会，常德：2009.

② 唐荣明. 正本清源：什么是领导力？［DB/OL］（2013–04–27）［2018–06–20］. http：//www.ceconline.com/leadership/ma/8800066874/01/.

在这个位置上，就可能不具备任何领导力。我们有些领导者退休后，马上“树倒猢狲散”，门庭从“若市”一下变为“可罗雀”，这样的人就不具有“非权力领导力”或影响力。

随着网络的普及，网络日渐融合到人们的日常生活之中，构建了一个虚拟化的生活空间，虚拟组织随之兴起，使得领导力及领导力的作用方式也发生了一些新的变化。

在现实组织中，成员之间互相熟识，组织有着较强的约束力。但是，虚拟组织在这方面较为弱化，也无法给予组织成员很多现实中的利益。因此，担任虚拟组织的领导更困难，其领导力比较特殊。

在网络游戏中，能指挥数百人对另一帮会进行攻打的领导者，一定程度上具有相当的领导力。

延伸阅读

虚拟领导力

在虚拟组织（如网络、论坛、网络游戏）中的领导力可称为虚拟领导力。尚俊杰等将虚拟领导力定义为：在网络中介因素的作用下，利用网络媒体作为沟通媒介，主要通过非权力因素，领导者领导和影响他人，引导组织成员实现个人期望，继而实现组织目标的能力。从领导者个人能力上说，领导者本身会具备一定的决策力与执行力，拥有相对丰富的相关知识①。

在网络时代，被领导者也应该具有领导力。我们过去的观念是“不在其位，不谋其政”，而今天的世界是，虽然你不在其位，你没有职权，但你有影响力（如大 V 博客，有影响的自媒体），你可以充分利用自己的影响力主动行动，使大家更加凝聚，产生更好的行动和绩效，也使大家有更好的幸福感

① 孙也程，尚俊杰. 虚拟游戏组织领导力研究［J］. 中小学信息技术教育，2013（3）：34－36.

和成就感。当你能有这些正向的影响力的时候，你也就具备了当好岗位领导者的基本条件。

今天，人人都应该是领导者。在当今社会中，每个人都处于各自不同的地位和角色上。在工作中，你可能不是领导者，而在家庭中或社会的圈子（如同学、老乡等）里，你可能就是一位领导者，关键在于你是否把自己定位在“领导者”这个角色上。笛卡尔说：“我思，故我在。”如果不把自己定位在“领导者”角色上，你基本不会发展自我影响力，也不会成为领导者。而你将自己定位在领导者角色上，你就能有更丰富的人生，就能有更高的生产力。

领导力专家沃伦·本尼斯（Warren Bennis）说：“最具危险的观点就是把领导力看成是天生的，是遗传的。事实正好相反：领导者不是天生的，而是塑造出来的!”

当前，跨国公司越来越壮大，其运行规模在虚拟环境中不断扩大，未来的领导者必须具备快速决策、勇于冒险、接受领导角色随时改变的能力[①]，而这些能力在游戏中得到了充分的体现。在线游戏环境可能会变成让人们提升领导力技巧的空间[②]。

三、训练领导力的实验室

2008 年 2 月，台湾全录公司前首席科学家约翰·布朗在《哈佛商业评论》上发表的《网络游戏玩出顶尖员工》一文中指出，在网络游戏里表现良好的玩家，在企业里，会比一般人多出 5 种优异特质：强调绩效、了解多元力量、乐于改变、乐在学习、努力找优势。据悉，该论文被《哈佛商业评论》选为 2008 年的年度二十大创见之一。

---

① 里夫斯，马隆，奥德里斯科尔. 网络游戏：领导力的实验室[J]. 中国计算机用户，2008(5)：36－37.

② JANG，RYU. Exploring game experiences and game leadership in massively multiplayer online role-playing games [J]. British Journal of Educational Technology，2011（4）：616－623.

2009年5月，美国麻省理工学院史隆管理学院教授马隆和斯坦福大学教授李夫兹在《哈佛商业评论》上发表了《玩出领导力》一文。他们花了8个月时间，观察网络游戏玩家如何组建战队，完成任务。他们发现，领导一个网络游戏公会，不但会用到史隆领导模式（Sloan leadership model）里的4种能力，而且在“尝试创新”和“协调利益”这两种能力上，其领导力不比大公司经理差。

在MMORPG（大型多人在线角色扮演游戏）中，领导者带领团队在高度分散、竞争激烈的虚拟环境中打拼。在这种复杂的游戏环境中，领导者需要招募、组织、激励并指挥由全球玩家组成的大型团队朝着一个共同目标去努力。他们必须经常基于片面的信息快速做出决策。

在日益全球化的商业环境中，公司被迫开展更多工作。除了越来越分散外，发展速度也不断加快，竞争越来越激烈。对现在的公司领导者来说，了解分布在世界各地的员工的想法极为困难，尤其是在充满工作机会且工资不断上涨的新兴经济环境中，企业很难留住那些顶尖的人才。

网络游戏与企业的未来工作环境存在惊人的相似之处①。这两个环境：

- 将大量相关人员在高度复杂的虚拟环境中汇聚在一起；
- 允许相关人员自我组织，发展技能并扮演不同的角色；
- 始终需要承担风险，需要不断改进，并且需要具有接受失败的勇气；
- 奖惩分明；
- 公开相关人员的能力；
- 需要协作及能够影响协作方法的领导者；
- 提供各类高级沟通渠道。

未来的工作环境越来越虚拟化，领导者必须领导从未谋面的人在网络上一起完成任务，员工流动性很高，人们自动自发地结合，协力完成各项作业，领导采用分权制，不讲层级……

① IBM. Virtual worlds, real leaders: online games put the future of business leadership on display[R]. IBM Global Innovation Outlook 2.0 Report，2007（6）.

延伸阅读

网络游戏从以下 5 个方面使领导工作变得更加容易：

① 任务导向的组织结构；

② 可利用多种实时的信息资源来做出决策；

③ 队友间相互透明的技能和能力水平；

④ 透明的激励系统；

⑤ 多样且能够为特殊目的服务的交流媒介。

IBM 商业价值研究院于 2001 年成立于美国，将行业内最聪明的头脑、全世界最大和最具创新精神的技术团队与丰富的实践经验相结合，通过与 IBM 的客户和项目实施团队的密切合作，就特定行业和业务领域开展深入探讨和研究，并通过发布行业调查报告、白皮书，发表文章和演讲，举办高层圆桌论坛、研讨会等形式，与高层企业管理者分享 IBM 的战略洞察力，帮助他们预见行业发展趋势，发现和评估战略机遇，确保预期回报，制订发展计划和确定业绩评估标准等，以便在随需应变的时代创造最大业务价值。

2008 年，该研究院对内部 135 位有管理经验，同时也是网络游戏公会会长或成员的员工调查发现：企业和游戏环境中的领导行为是相关的，如图 6-4 所示。几乎所有的领导行为在游戏和企业环境中都是非常重要的[①]。

在 MMORPG 中，协作能力对于实现成功领导至关重要，在企业环境中也呈现出这个趋势。在虚拟环境中，领导者不能与队员进行面对面的交流。因此，培养队员对个人领导能力的信任变得至关重要，并且队员需要通过新方法来赢得他人的信赖。在员工越来越分散、虚拟化程度越来越高的企业环境中，促进协作在未来将成为越来越重要的领导能力。

① 末信. IBM 商业价值研究院：分散世界中的领导力[EB/OL](2011-07-11)[2018-05-10]. http://www.ithov.com/server/106146.shtml.

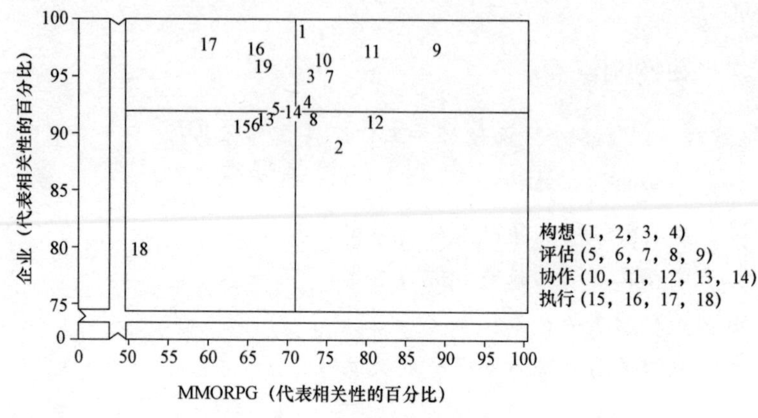

图 6-4　领导行为的相关性①

构想愿景的能力在企业环境中更加重要，这是因为与游戏相比，在企业环境中缺少许多既定因素。被调查者将“针对新机会为公司创建诱人的愿景”视为企业领导者应具备的最重要的素质。在游戏中，由于许多条件和结果都是既定的，因此领导者不太强调为他人制订长期规划。即便如此，游戏玩家还是依赖领导者通过构想愿景的活动来鼓舞士气。

对于必须从大量来源收集信息，并且快速决定行动计划的游戏和企业领导者来说，评估都是一项重要技能。

无论是在游戏环境还是在更灵活的企业环境，执行能力的获取都要依赖于不断的反馈，以及朝着实现长短期目标的一致努力。为了鼓舞士气，优秀的游戏领导者必须能够将长期目标分解成为多个可行的小目标，并在目标实现后及时提供反馈信息。在游戏中，活动的速度很快，因此奖励分配的速度也应加快，以便及时鼓舞士气并刺激玩家和领导者鼓起足够的勇气，朝着长期目标挺进。

① 末信. IBM 商业价值研究院：分散世界中的领导力[EB/OL](2011-07-11)[2018-05-10]. http://www.ithov.com/server/106146.shtml.

延伸阅读

现实让游戏中的管理受益

用出勤来考核一个员工（队员）的绩效，是一项必备的条件。而作为按时出勤的奖励，在公司管理中，我会指导将一部分可分配的资金用作全勤奖励，通常满勤的员工，我根据他们的岗位给 500～1 000 元的奖励。

在游戏中，我同样用出勤来考核一个队员，满月全勤者分享当月工会收入。工会目前 1 个团队的月收入为 30 000 G（Gold）左右，里面包含了出售太阳之尘、BOSS 掉落的高级图纸和材料等获得的收入。如果 1 个团队当月只有 10 个人全勤，那么这 10 个人将分享 30 000 G 工会收入。可能有人会觉得在游戏中是不是对他们太苛刻了，我的回答是：不苛刻就没有优秀的团队。当然了，我们也没有想象中的那么苛刻，不是缺勤一次就判为不满勤的，而是放宽政策，只要活动出勤 80%就可判为全勤了。

有了严格的考勤制度，队员（员工）就有了严格的纪律。自建会以来，公会开荒或者碾压收割的速度极快，每次宣布 7 点开始活动，我 6 点半上线的时候，就发现已经有人将团队组满了，然后我一进组，就有人调戏我：你怎么那么晚啊！

——改编自一位玩家的日记

四分之三的受访者认为企业可应用在线多人游戏环境来改进领导效能。一半的受访者肯定玩游戏会改善现实世界的领导能力，尤其是在管理非正式直属团队成员的时候。至于绩效，也可以用游戏里设定的指标来衡量，谁奋勇上前，谁犯错拖累整个团队，全部都一清二楚。

IBM 公司游戏和互动娱乐部门主管戴维·劳克斯（David Laux）认为，《魔兽世界》之类的角色扮演游戏特别具有培养领导能力的功能，并且这些技能都能够直接迁移到现实生活中。在游戏中长大的一代，会把游戏中学到的管理精髓应用于将来的企业管理中，为工作增添乐趣，提高效率①。

延伸阅读

某公司负责人说，过去他不相信别人做的决定，事必躬亲。“有段时间，我带超过100个人的团队，忙到快疯掉。”他回忆，在公司当小主管资源有限，无法自行决定替下属加薪，于是，关于如何激励员工工作热情，他思索着怎么把玩网游的经验移植到现实生活里。

“除了钱，大部分人都想要有成就感。”于是，他效仿网游中组织战队的做法，把 100 多个下属分成六七个小区，从中挑选六七个领导者。“我跟他们说，有事我只找他们。”即使这些人犯错，他也单独跟这些人谈，不伤害其自尊，让他们享有权利。“一两个月之后，管理效果很明显，而且，我又有时间可以再回去玩游戏了。”他笑称。

十月科技副总经理陈意千，则把游戏中的杀龙指数（游戏里面用来计算玩家参与活动的分数）变成公司的管理制度。他建立了一套电子系统，让每个人都能即时看见自己的绩效，主管也随时知道员工的进度，加上清楚的目标后，公司投入同样的资源，但员工的效能增加至少三成。

——摘编自林宏达《网络游戏可以玩出“领导力”》②

近年来，有研究者在调研了众多领导力自我评估模型之后，选择了USFWS 提出的领导胜任力模型，该模型将领导分成初级授权式领导、中级领导、高级领导和主管领导 4 个等级，每个等级要求不同的能力和相应的水平，

① 里夫斯，马隆，奥德里斯科尔. 网络游戏：领导力的实验室[J]. 中国计算机用户，2008（5）：36－37.
② 林宏达. 网络游戏可以玩出“领导力”[EB/OL]（2008－08－15）[2018－05－31]. http://epaper.ccdy.cn/html/2008－08/15/content_24902.htm.

在这些能力背后，是一套完整的基础能力指标，基础能力指标分成表达技巧、口头表达能力、书面表达能力、公共服务动机、持续学习能力和忠诚/正直 6 个维度，各个维度下有若干二级指标和三级指标[①]。

对 70 位游戏志愿者进行了调查，在 MMORPG 中，游戏中的领导主要可以分成游戏组织中的领导（简称“组织领导”）和游戏任务中的领导（简称“任务领导”），同一个玩家可以同时加入多个游戏组织，成千上万并且可以重复的游戏任务给玩家提供了做一次“领导”的机会。

参与调查的玩家在表达能力、持续学习意愿、人际沟通与表达等基本能力方面都处于较高的水平，这也验证了里夫斯（Reeves）的结论，即游戏确实能够培养领导力相关的基本能力。不管采用 Solan 领导力模型，还是采用 USFWS 领导胜任力模型，在 MMORPG 中确实存在。

四、谋事不只在“人”

中国有一句古话，“成事在天，谋事在人”，大意是说干成一件大事，谋划是由人来完成的，这个“人”主要是指“领导”，可见在现实社会中，一位卓越的领导者对于完成目标、带领组织取得成功是多么重要。

这句话产生的时候还没有网络。2000 年以后，信息技术高速发展，各种组织开始变得网络化，组织中的角色和责任变得越发流动和交叉，界限变得模糊，作为整体的组织处于动态的运转之中。组织的领导者需要进行各种跨界管理和协调，以保证网络化组织的正常运转。

在这样的背景下，产生了各种新兴的领导力理论，认为领导力的作用更多的是一种关系型过程，依靠的是社会互动关系和影响网络，命令—控制的单一领导模式变得不再具有时效性，一个团队和组织整体的领导力成了关注

---

① 蒋宇，尚俊杰，庄绍勇．游戏中的领导力水平与差异之调查［C］//全球华人计算机教育应用大会论文集．北京：全球华人计算机教育应用大会组委会，2013：385－389.

重点[①]。

尚俊杰等人以游戏为例，研究了虚拟环境中的领导力，提出游戏化虚拟组织中的虚拟领导者、追随者和虚拟组织三者是相互影响的关系，三者通过游戏媒介产生互动，会实现组织发展和个人发展两种结果，发展可以是行动力、决策力、思考力等方面的，也可以是虚拟财产方面的。而无论是哪种发展，实质上都是组织领导力水平的提高[②]。

游戏化虚拟组织中的领导力，与领导者的个性、职务、任务行为及组织的氛围等都有一定的关系，并且表现出组织领导力模糊了个人领导力的趋势，领导力的形式更加松散和去权力化。游戏化虚拟组织中领导力的作用方式是网络化并且多节点的，更加强调整个组织的领导力水平的增进，而更少强调组织内部个人表现的突出，个人领导力逐渐变得“看不见”了。

1. 领导者的个人能力与素质对领导力有重要意义

在游戏化虚拟组织中地位比较重要的玩家，多拥有冷静的个性，善于学习和统筹规划。这些个人素质和能力上的优势，对其个人领导力是有重要影响的。但是，作为虚拟组织中的领导者，他应该意识到，个人领导力的提升并不是最终目的，通过个人的牵头作用，使组织其他成员和整个组织的领导力水平得到提升，才是让组织在纷繁复杂的游戏世界中立足的方法。

在游戏化虚拟组织里担任领导的个人，如果他拥有勇于决断的个性，胆大心细的特征，他的决策力和执行力就会保持在一个较高水平，在游戏中就会勇于开拓创新，在这样的个人的领导下，组织的决策力和执行力也会变强。

领导者个人还往往拥有善于分析和思考的优点，会在战斗前做好功课，在战斗后对胜利和失败的原因进行分析。在组织内形成这种善于总结的风气之后，会潜移默化地使整个组织的思考力水平逐渐提升。这种学习能力在面临后续的组织发展任务时会得到体现，制定出有针对性的组织发

① 文茂伟. 21世纪美国新兴领导理论缘起与主张［J］. 理论探讨，2009（2）：149－153.

② 孙也程，尚俊杰. 虚拟游戏组织领导力研究［J］. 中小学信息技术教育，2013（3）：34－36.

展目标。

总之，虚拟组织中权力分散，节点众多，结构松散，仅凭权威式的个人的力量不足以带动整个组织的前进，因此，只有以个人领导力带动多节点的领导力乃至整个组织的领导力发展，才能保证组织的健康成长。一个虚拟组织中的领导者集体，是整个组织的大脑，因此，他们的个人能力与素质，在影响了他们自身的领导力水平的同时，也对组织领导力的发展有着重要意义。

2. 游戏化虚拟组织中的领导力是去权力化的

在游戏化虚拟组织中，权力带来的领导力相比于现实组织有一定程度的弱化。根据观察，依靠权力因素的领导力几乎是看不见的。拥有“权力”的人严格意义上只有帮主和副帮主两人，但他们对公会的管理非常宽松，尽管在战斗时担任指挥官，但是他们会听从成员的意见，而且他们在非战斗时也愿意开着聊天工具跟所有成员一起闲谈，并且显现不出领导者和追随者的区别。

帮主、副帮主和其他指挥官主要是依赖其非权威性的领导力来带领整个公会前进的，用他们对游戏的精湛理解征服了公会成员，获得了他们的崇敬和信任。

当然，必须看到，游戏化虚拟组织毕竟是处于游戏当中的，人们游戏是为了娱乐和放松，所以各方面的规则都不如现实世界中的严肃，人们对待组织，对待组织领导的态度，也并不如在现实世界中般一板一眼。在这样的组织环境下，发挥权力性的领导力可能并不会达到预想的效果。

游戏化虚拟组织中去权力化的领导力，既是每一位领导者为了组织团结和进步应该采取的手段，也是在游戏这个非正式的娱乐性组织环境中，必须采用的领导方式。

延伸阅读

2009年6月，橙弓终于出现了，公会一片欢腾，而我的心情却突然从高峰跌入低谷。

燕赤侠和出勤率较低的知秋一夜为了这把橙弓，对于橙色武器的分配产生了极大的矛盾冲突，而我亦左右为难，一面是铁一般的制度，一面是人情，如何取舍……

事情总是要解决的，如同以往一样，我把最终的决定权给了大家，让大家投票，最终，燕赤侠以90%以上的票数获取橙弓。

随后让我惊诧的是：在武器分配前，知秋一夜以无数的污言秽语对我、燕赤侠、公会进行了侮辱，并且防骑阿尔塞斯直接威胁，如果橙弓给燕赤侠，就立刻退会！而我，作为会长，作为团长，作为指挥，最终选择了尊重公会绝大多数人的意见，将橙弓分配给了燕赤侠。

随后防骑阿尔塞斯退会，知秋一夜退会，公主退会……

一把橙弓直接导致3个强力玩家退会，我自始至终希望：永远不要出现橙色武器了……

——摘编自一位《魔兽世界》公会会长的日记

这是一位《魔兽世界》的公会会长的独白，描述了一段分配战利品的过程，可见这位会长提出了方案，而决策是由广大会员做出的，与会长的初衷一致，代价却是三位主力“跟随者”脱离组织，这在现实组织中是不太可能的。

3. 模糊的个人领导力和网络化的组织领导力

游戏中的虚拟组织的任务是变化、流动的，工作任务、成员角色或者工作分配等会根据情况不同而发生变化。从这个角度来说，游戏化虚拟组织中的个人领导力变得模糊了，在一定程度上被抑制了，即使玩家本人的个人水平很高，也依然会受制于不同的任务和他所担任的角色，不一定在任何时候

都适合承担团队领导者的角色。

一位受访者说："每个 boss 的打法都是不一样的，有的人的视角不一定好……所以这就是一个公会有很多指挥官的原因。"可见，游戏化虚拟组织的领导机构是根据各自优势结合起来的，他们有着不同的职业优势或个性优势，这样的领导者组合才能在面临任务时做出更为迅速和准确的反应。

因此，一个游戏化虚拟组织要壮大就不能只有一位领导者，也就不能放任权威化的个人领导力发展，个人领导力必然在领导机构成员合作的过程中得到一定的弱化。

在个人领导力变得模糊的同时，组织领导力在领导角色流动的过程中，变得更加网络化。虚拟组织中的角色，比起现实组织中的角色更富有流动性，领导者和追随者的功能相互交叉，领导界限变得越来越模糊，虚拟组织的运行一直处于一种动态流转之中，并不像传统的现实组织那样角色明晰，分工固定。

虚拟组织的领导者要适应身份的随时转变，在某些时候充当领导，在另一些时候就要作为追随者进行活动。虚拟组织的有效性不再取决于英雄式的、权威的领导个人，组织的领导和成员之间的和谐互动与良好的人际关系，才是组织维系及向前发展的动力。

模糊的个人领导力与网络化的组织领导力，让一个游戏化虚拟组织中的领导变得"看不见"了，因为领导力隐藏在组织网络上的任何一个可能的地方，只关注特定的个人领导力并不能找出整个组织核心发展力之所在。

游戏化虚拟组织中领导力"看不见"的特性，也提醒大家在关注组织发展的时候，更应关注组织整体的领导力水平。

"看不见"的领导力是虚拟组织发展的必然结果，同时也增加了个人在虚拟组织中得到发展的机会。不像在现实组织中那样，领导是相对固定的，从普通成员成为领导需要相对漫长的时间，虚拟组织中的流动的领导力使更多的普通玩家有着在组织中发挥专长的机会：只要在某些方面有着自己的独特优势，比如在完成游戏任务时有职业上的优势，在面对危机情况时有处变不惊的气度等，都可以成为虚拟组织的领导者。在组织整体领导力提升的过程中，个人的决策力、执行力水平必然会得到提升，个人的领导力水平必然会增强。

综上所述，可得出游戏等虚拟环境中的领导及领导过程，如图 6－5 所示。

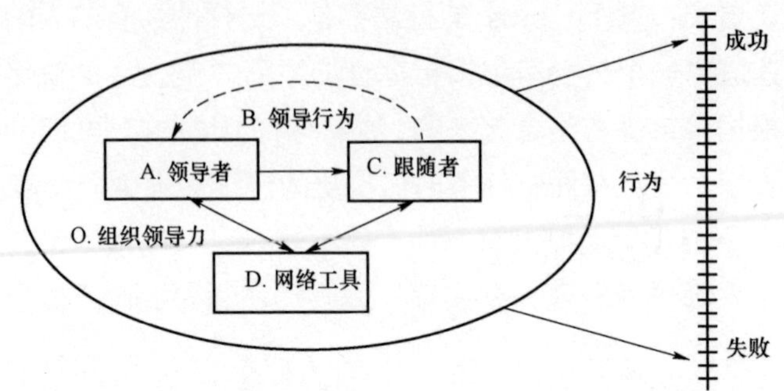

图 6－5　游戏等虚拟环境中的领导及领导过程

A. 领导者：担任虚拟环境中的领导者，与某个人魅力有直接关系。另外，这种任职对其利用工具进行虚拟世界管理的能力，以及获得“权力”领导力的能力要求更高。

B. 领导行为：领导者做出决策对跟随者施加影响的行为，由于个人能力越来越“看不见”，一些跟随者也可以通过努力或在完成某一任务的过程中变成“领导者”，也能对曾经是“领导者”的个体施加影响，只是相对来说，频率要少一些。

C. 跟随者：与领导者是相对的概念，虚拟环境中的跟随者可以是个人，也可以是组织或者一个团队。

D. 网络工具：这是与现实中的领导过程存在巨大区别的地方。网络工具、领导者、跟随者是虚拟环境中的 3 个重要组成要素，在游戏的虚拟环境中，网络工具既包括游戏中的元素，也包括辅助游戏的信息技术。

O. 组织领导力：个人领导力逐步“消失”，以组织领导力的形式呈现，共同产生结果性行为，促进目标的达成。

这样一来，决定事情的成败，个人领导力将不再是决定性因素，或许组织领导力的作用在虚拟环境中才能发挥更大的作用。

那对个人来说，如何修炼自己的虚拟领导力，来领导一个越来越趋于虚拟的世界呢？

或许有一天，在你的求职履历表上，玩网络游戏的经历将不再减分，反而加分。就像美国 *Wired* 杂志 2006 年 4 月刊的标题：“你玩 WOW 吗？你被录取了！”（*You Play World of Warcraft？ You're Hired*！）

第七章 游戏与创造力

“创造力”和“游戏”都是难以定义的词语，“创造是一种态度，是年幼儿童天赋的本能，但是要小心地维护和加强，否则在我们这种过分重视逻辑的社会中很快就被牺牲了”①。因为“创造力”与“游戏”都是难以定义的词语，所以它们两个注定有缘。“创造力”是经常在学校被提起的词，与“游戏”有密不可分的关系。

① MARZOLLO，LLOYD. Learning through play［M］. London：George Allen and Unwin，1972.

一、创造，创造，再创造！

为什么要关注创造力呢？让我们先来看两幅图片。

图 7–1 所示是一幅艺术作品，艺术家将两瓣橘子放在一张白纸上，然后寥寥勾画了几笔，就呈现了一幅让人叹服的艺术作品。

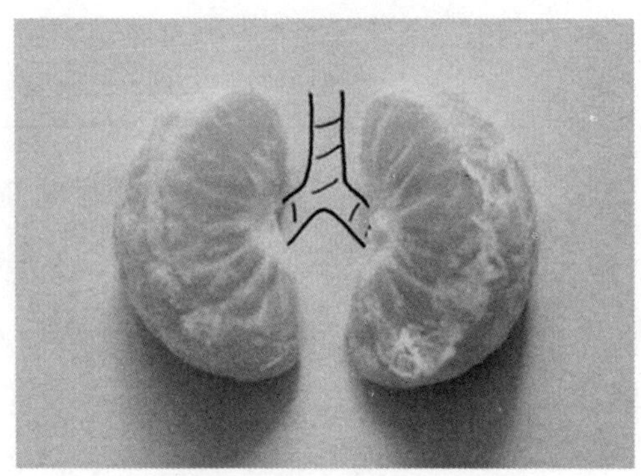

图 7–1　艺术作品

图 7–2 所示是一个旋转楼梯，但是在旁边增加了一条滑道，小孩子可以从滑道上直接滑下来。这个楼梯虽然可能有安全隐患，但是不能不说很有创意。如果家里有这样一个楼梯，孩子一定会非常高兴。

在网上还有很多富有创意的设计，让我们看了叹为观止，不由得佩服设计者的创造力。

谈到创造力，其实不只我们普通人关注，国家也非常关注。《第三次工业革命》一书备受各界推崇，其中谈到以互联网技术和新能源技术为代表的第三次工业革命将改写人类发展进程。该书在专门谈教育的部分发就提到，第三次工业革命需要大批创新型人才。

为了培养创新型人才，世界各国都特别重视科学教育和创造性思维的研究，重视青少年创造力的培养。

图 7－2　旋转楼梯

在美国的中小学课程中，都不同程度地包含了激发学生智能层面、认知层面、想象力和独创性的教学内容。创造力研究已经成为心理学、教育学、社会学、管理学等学科的重要研究内容之一。

我国也将创新型人才培养作为国家持续性发展的基础措施之一。习近平总书记提出“创新驱动”，李克强总理在全球研究理事会 2014 年北京大会开幕式致辞中指出，“让创新成为实现中国经济升级的强大动力”。由此可见，国家对创新型人才的培养非常重视，实施创新驱动发展战略成为我国的一项重要国家政策。

钱学森先生曾提出了著名的“钱学森之问”——为什么我们的学校总是培养不出杰出人才？

一个简单的问句，让整个社会都开始反思。我国学生创造力不足的问题，困扰着中国的教育界。

北京师范大学发展心理研究所在 21 世纪之初所做的一项“中英青少年科学创造性比较研究”发现，中国学生的创造力不如英国学生。中国学生学科能力强，而创造力却弱。

该研究所在所做的“中英青少年科学创造性比较研究”基础上，自 2003 年起，开展了“中外青少年创造性跨文化对比研究”，试图以更大的范围、规模和深度，从心理学角度探讨东西方人创造力之间的差异。

研究发现，中国青少年在创造性思维层面，在“问题提出、问题解决、科学想象”这三个方面，中国学生总体得分优于英国和日本学生；但在“产品设计、产品改进”这两个方面，中国学生总体得分劣于英国和日本学生。中国学生更加擅长理论的思维和书本问题的解决；而在西方教育模式下，外国学生的实践能力得到了更多的培养[①]。

2013 年，上海市妇联与上海社科院联合开展的“上海青少年学生创造力发展状况”研究结果显示，支持青少年创造力行为的家长不足四成，上海青少年的想象力有待提高，创造力则随着年级升高而下降[②]。高中生正面临包括冒险性、好奇性、想象力、挑战性 4 个维度的创造力危机，其中想象力缺陷尤为突出。

在我国，学校教育仍在应试升学与能力培养中矛盾徘徊，学校教育中仍缺乏培育创造力的宽松氛围与资源，学校缺乏进行创造力教育的认识基础和实践能力[③]。

延伸阅读

我们的创造力哪里去了？

一个 5 岁的女孩刚刚完成一幅小鸡的图画。

由于最近教室里养了一些小鸡，教师建议女孩找机会画下来，从中可以看到女孩对形状、对称性、比例，甚至颜色的掌握情况。

女孩后退一步，有些困惑，将水笔搁在颜料罐中，然后又走过去仔细看小鸡。她跪在地上，盯着笼中的小鸡看了一两分钟后，回到画桌前。接着非常慎重地拿出一支很粗的水彩笔，蘸满蓝色的颜料，慢慢移到纸上，看起来是要为画中的小鸡画眼睛。在移动画笔的过程中，颜料滴到

① 李凝. 中国青少年的创造力究竟差在哪里？［EB/OL］(2007－11－22)［2018－06－20］. http://bj.aoshu.com/e/20071122/4b8bc8ec30314. shtml.

② 陈静. 聚焦青少年学生创造力发展状况：随年级升高下降［EB/OL］(2013－09－26)［2018－06－21］. http://www. chinanews. com/sh/2013/09－26/5327913. shtml.

③ 林静. 创造力发展：学校教育的题中之义［N］. 中国教育报，2012－12－24.

了纸的边沿，女孩看到了，又故意来回移动水彩笔，让更多的蓝色颜料滴在纸上，这些蓝色的小点点引起了女孩的兴趣，她完全忘记了自己要画小鸡。

正当女孩取出第六或第七种颜色准备进行最后的修饰时，教师走过来说："宝贝，不要把你的小鸡弄脏了！我帮你把名字写上去，拿到架子上晾干，以免弄脏了。"

——摘编自珍妮特·莫伊蕾斯《仅仅是游戏吗？》①

二、你有创造力吗？

1. 创造力的概念

创造力（creativity）一词源于拉丁语单词 creare，表达创造、创建、生产、造就之意，根据《韦氏词典》，该词第一次被使用的时间为 1875 年，对创造力的解释为"① 有创意的品质；② 创造的能力"。由此可以看出，创造力是与"新""能力""品质"等概念相关的。

1869 年，高尔顿在其出版的《遗传与天才》一书中，运用统计数学和经验推理的方法，把创造性才能作为一种可考察、可测定的人类的心理特征来研究，是国际上最早对"创造性才能"进行研究的系统资料，标志着采用科学方法研究创造力的开始。

创造力的现代定义和阐释，根据学派的不同有着巨大的差别，不同学者从不同视角给出了不同的定义。

我国学者对创造力的概念也进行了探讨，其中具有代表性的观点有以下几种。

① 莫伊蕾斯. 仅仅是游戏吗：游戏在早期儿童教育中的作用与地位［M］. 刘焱，刘峰峰，雷美琴，译. 北京：北京师范大学出版社，2010.

① 林崇德认为，创造力是根据一定的目的，运用一切已知信息，产生出某种新颖、独特、有社会或个人价值的产品的智力品质。[①]

② 张春兴认为，对创造可以有两种理解：其一是指在问题情境中超越原有经验，突破习惯限制，形成崭新观念的心理过程；其二是指不受成规限制而能灵活运用经验以解决问题的超常能力。前者被视为思维过程，后者被视为思维能力。

简而言之，创造力即根据一定目的，运用一切已知信息，产生出某种新颖、独特、具有社会价值或个人价值的精神或物质产品的能力或特征。创造力是人脑的机能，正常、健全的人都有创造力。

陶行知先生在《创造宣言》中指出："处处是创造之地，天天是创造之时，人人是创造之人。"

（1）创造力是一种思维

这种思维称为创造性思维，可以产生有想象力、灵活、简便、新奇的想法。它既是创造力的核心，也是创造性人才不可或缺的能力要素。创造性人才往往有着与众不同的感知和发现问题的方式，而且能够注意到别人忽视的地方。

（2）创造力是一种人格

创造力的激发离不开个体人格的完整性，拥有完整的人格是前提，是创造力发展的保障。具有创造性的人往往富有幽默感，有抱负且对生活有积极的态度。心理学家认为，富有责任感，感情丰富，有决心，勤奋，富于想象，依赖性小，主动学习，愿意尝试困难，敢于冒险，有强烈的好奇心，兴趣广泛，爱好深思，不盲从等也是有创造力的人的个性特征。这些个性特征将影响一个人创造力的形成和发挥。例如，达尔文从小就非常热爱收集各种各样的动物标本，而大导演斯皮尔伯格小时候就满怀激情地为同学们拍摄短片。

（3）创造力是一种技法

创造力是产生新设想和新成果的技巧和方法。它是一种活化知识的能力，也是根据已知、发现未知的能力。创造性技法主要包括动手能力或操作能力、

① 朱智贤，林崇德. 思惟发展心理学［M］. 北京：北京师范大学出版社，1986.

熟练掌握和运用的能力、表达能力（论文写作）、表现能力（艺术创作）和物化能力（模型和产品）。创造技能也像其他技能一样，只有通过训练和实践才能真正获得，“做中学”是唯一有效的途径。

尽管创造力研究者从不同的角度出发，进行了大量的研究，但是关于创造力，到目前为止，还是很难有一个权威的定义。

2. 创造力的组成

简单而言，创造力的组成分为以下 3 部分。

（1）创新意识

这一点是从动机方面提的，指的是一个人要具有发明和发现的动机，要勇于创新。这一点通常表现为勇于质疑，不盲目从众；善于观察，能够发现其他人不容易发现的事物；勇于应对挑战；善于解决难题等。

（2）创造性思维

创造性思维是创造力的主体，这是一种具有开创意义的思维活动，它是以感知、记忆、思考、联想、理解等能力为基础，以综合性、探索性和求新性为特征的高级心理活动，是开拓人类认识新领域、开创人类认识新成果的思维活动。创造性思维又可以分为发散性思维与收敛性思维、抽象思维与形象思维、集中思维与分合思维、逆向思维等。

（3）创造性人格

所谓创造性人格，指的是主体在后天学习活动中逐步养成，在创造活动中表现和发展起来，对促进人的成才和促进创造成果的产生起导向和决定作用的优良的理想、信念、意志、情感、情绪、道德等非智力素质的总和。

在以上组成中，很多学者都认为发散性思维是创造性思维的核心。

所谓发散性思维，又称扩散性思维、辐射性思维、求异思维。它是一种从不同的方向、途径和角度去设想，探求多种答案，最终使问题获得圆满解决的思维方法。发散性思维方式如图 7–3 所示。

简单地说，发散性思维是指从一个出发点沿着各种不同途径去思考，探求问题多种答案的思维。或者说，面对一个问题，是否能够想出多种解决方法。

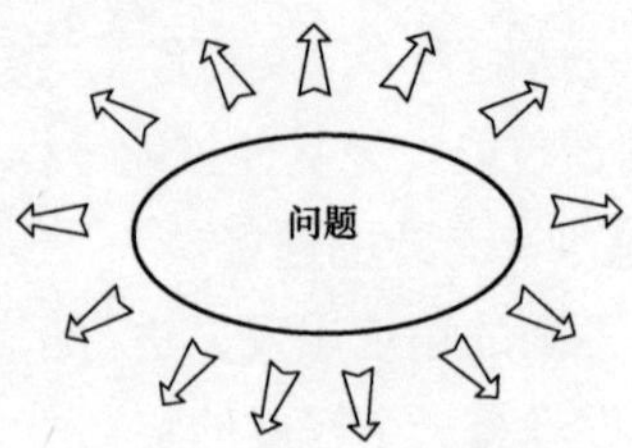

图 7-3　发散性思维方式

如图 7-4 所示，将下面的正方形四等分，现在已经列出了 3 种等分的方法，大家还能想出其他等分的方法吗？

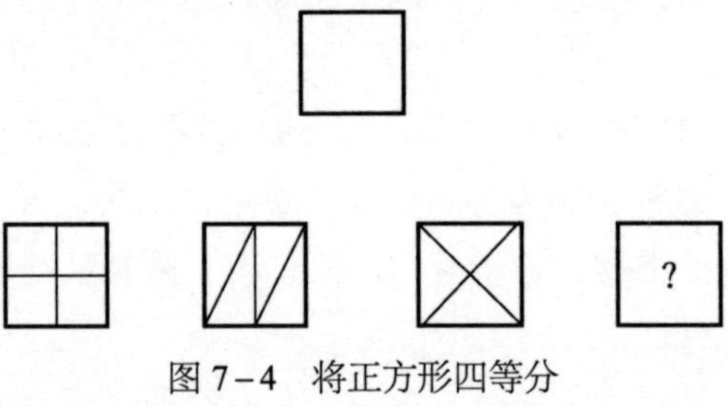

图 7-4　将正方形四等分

如图 7-5 所示，栏内有 9 匹马，请画出两个正方形将每一匹马分隔开。

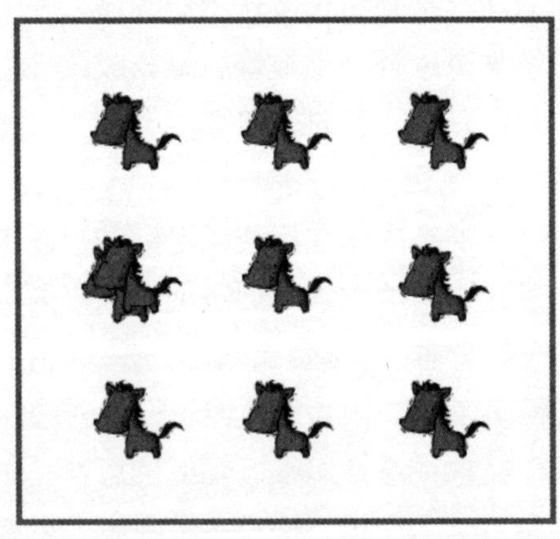

图 7-5　分马

我们如何去评价发散性思维呢？

一般来说，可以从流畅性、变通性和独特性三个方面来评价发散性思维。

① 流畅性指的是发散的量，对刺激能很流畅地做出反应的能力。简单地

说，就是在尽可能短的时间内生成尽可能多的思维观点。或者说，面对一个问题能够想出多种解决方案。

② 变通性指的是发散的灵活性，能随机应变的能力。简单地说，变通性就是克服人们头脑中那些比较固化或僵化的思维框架，能够按照一种新的方法来思考问题。

③ 独特性指的是发散的新奇成分，是人们在发散思维中做出不同寻常的异于他人的新奇反应的能力。简单地说，就是能够想出别人想不出来的方案。

3. 创造力的评价

玩一玩

测测你的创造力

请看图，你会想到什么呢？

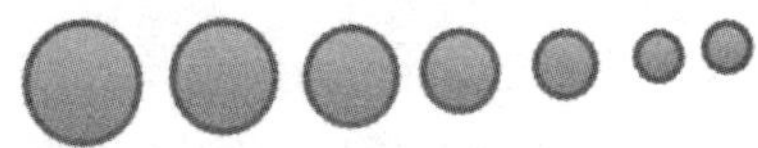

下面我们来看看同学的答案，采用上面说的 3 个特性来评价一下同学的发散性思维。

A 同学的答案：

- 七个由大到小排列的圆圈
- 七个由大到小排列的鸡蛋
- 七个连续发出的乒乓球

得分：

流畅性：3 分；（一共回答了 3 项）

变通性：1 分；（因为这 3 项都是从形状上联想）
独特性：0 分；（因为这 3 项全组人 40%以上都提出）
B 同学的答案：

- 七个连续发出的乒乓球
- 一张连续拍摄的运动着的球的照片
- 一句古诗：离愁渐远渐无穷

得分：
流畅性：3 分；（一共回答了 3 项）
变通性：2 分；（因为后两项从不同的角度进行联想）
独特性：2 分；（因为第 3 项全组只有这个人提出）

——摘编自佚名《创造力及其培养课件》

最近几十年来，创造力的研究突飞猛进，但是创造力的评价问题一直困扰着许多研究者。尽管这些年来研发了许多与创造力相关的测量量表，比如非常有影响力的威廉斯创造力测量量表，但是许多研究者认为，因为创造力的概念极其复杂，所以创造力的评价也是非常困难的。

简单而言，对创造力的评价可以从以下 3 个方面进行。

（1）新颖性

这个特性指的是不墨守成规，是前所未有的，这是从纵向进行比较。例如，互联网的出现，就是一个伟大的发明，是前所未有的。

（2）独特性

这个特性指的是与众不同，独出心裁，这是从横向进行比较。例如，在玩扑克牌 24 点游戏时，别人都用这个算法，而一个学生能够想出别人都想不出来的算法，这就是独特性。

（3）价值性

这个特性指的是合乎规律，合乎逻辑，对社会或个人的发展有意义。简单地说，这个发明或者发现对社会或个人而言是有用的。

三、为什么又是游戏

如图 7－6 所示，在儿童游乐场里，通常会有一个滑梯，每天都有无数的小孩在那里爬上滑下。稍加观察，发现有些两三岁的孩子，刚开始，他们看别人滑，学着爬楼梯上去，然后滑下来。一开始，他们会一次又一次地重复这一过程，之后他们会延展自己学到的东西。有的小孩或许会试着不爬楼梯，改由坡道爬上去，有的小孩还设法趴着滑下来。这是儿童创造的本能。而游戏为儿童拓展这种本能提供了空间和条件。

图 7－6　儿童滑梯

之所以能够通过游戏拓展创造力，从根本上讲是由游戏的本质与特点决定的。游戏是由个体内部动机所控制的行为，是一种自发的行为和“假装是”的行为，同时，游戏不受外部强加的规则的束缚，它是参加者主动积极进行的活动。凡此种种都说明，在游戏时，儿童是自发的、无拘无束的，而这正是人本主义心理学家所理解的创造的基本条件或前提。

在很多不同的游戏情境下，幼儿都可以成为创造者。幼儿对思想和意象进行创造与再创造的能力，帮助他们表达自己对现实的看法。我们可以从儿童的对话、绘画、工艺作品、音乐、舞蹈、游戏情境与游戏中，看到他们的这种表现。

米克强调，创造力与想象力根植于儿童的游戏中，创造力是所有孩子的天性，而不仅仅是少数几位天才儿童的专利[①]。

心理学家邓斯克和席尔曼在 1973 年就游戏对发散性思维的流畅性发展做了研究，就日常生活用品的用途进行测试（标准用途，乒乓球用来拍打；非标准用途，乒乓球当成“鸡蛋”来“吃”）。研究发现，游戏条件组的被试的得分高于对照组。进一步测试扩散性思维的流畅性发现，游戏条件组的被试对未玩过物品的用途的反应，明显好于对照组。得出的结论与这些物品是否在游戏中玩过无关，游戏有助于引发出多样性联想的态度及其心理结构的形成与发展。

心理学家科琳·亨特在 1966—1970 年进行了一系列关于儿童好奇心和探究的研究，发现孩子好玩游戏与创造力存在正相关。她设计了一个孩子从没见过的新异玩具，并根据孩子对这个新玩具的反应，把他们分为以下 3 种类型。

① 无探究精神者：只是看看玩具，但不去对玩具进行探究。

② 探究者：只是对玩具进行探究，但不用它来玩。

③ 创造性探究者（好游戏者）：不仅对玩具进行探究，而且用各种具有想象力的方法来使用玩具，开展各种游戏。

4 年后，研究者对这些被试进行创造性测验表明，当年的创造性探究者的得分均高于探究者和无探究精神者。在进一步的调查中发现，无探究精神的男孩比有创造性精神的男孩缺乏好奇心和冒险精神。无探究精神的女孩比爱游戏的同伴在与人交往过程中更显得紧张不安。

小朋友都喜欢搭积木，在成人看来，积木可能只是一种简单的玩具，但是在小朋友看来，积木是一种建构性玩具，与乐高类似，儿童在玩建构性玩具时有很强的创造力。他们建造了一个迷你的世界，演出假想和幻想的情节。

成人经常玩的一个游戏——24 点游戏，只需要一副扑克牌即可。一般都

---

① 莫伊蕾斯. 仅仅是游戏吗：游戏在早期儿童教育中的作用与地位[M]. 刘焱，刘峰峰，雷美琴，译. 北京：北京师范大学出版社，2010.

是两人以上以比赛的方式玩，大家需要努力去想出答案，在这个过程中，可能需要在脑海里反复进行各种运算，有助于掌握四则运算，并培养发散性思维的能力。

24 点游戏：综合使用四则运算，使 24 点成立，如图 7-7 所示。

图 7-7 24 点游戏

具体说来，游戏对于创造力的意义在于：

游戏是一种游戏者自愿自发、其内心需要所引发的活动，其最直接的作用是游戏者的自身。它虽然不能直接产生某种价值，但从个体发展来看，游戏对身心发展有促进作用。人们玩游戏并不是带着功利性为达到某种目的而去玩的，而是因为游戏可以给他带来自由、愉悦的感受。在游戏中享受的程度越高，对自由的体验就越多，而自由是发挥想象力的基本前提。心理学家罗杰斯（Rogers）认为"心理的安全"和"心理的自由"，是促进创造性的两个重要条件[①]。

心理学家亨特认为，给幼儿提供充裕丰富的游戏机会，对幼儿创造力的发展有着至关重要的益处。游戏能让人从现实生活的约束解放出来，形成一个与世隔绝的"魔法圈"，虽然在游戏的世界里也有很多规则要遵守，如规则类游戏的潜在规则，象征性游戏角色扮演的要求，替代物品的象征意义等，有些游戏中的约束不比现实生活中的约束少，但是游戏中的规则与现实生活中的道德标准、行为规范是完全不一样的。在游戏中，人们可以尽情地、创造性地演绎不同的角色，感受不同的生活姿态。

游戏提供了一个独立的空间，在游戏中有自由操作游戏材料的机会，能

① 谢丽敏. 游戏与幼儿创造力的关系及其培养策略［EB/OL］(2012-11-23)［2018-08-30］. https://www.docin.com/p-1991154146. html.

够满足创造愿望和需要，这使游戏者能够用各种方法来探究操作材料，可以以物代物，一物多玩，尝试创造新的玩法，从中探索出物体与物体之间的多种可能性。游戏不但提供了自由探索的空间和大胆想象的机会，而且可促进养成乐于探索和想象的性格，还有利于培养人们对创造的态度与精神的追求。

近两年，随着游戏开发工具的日益简易化，让学生通过创作游戏来学习相应的知识和技能成为一种可能，这样学生便不是简单地参与到游戏当中，而是通过设计开发游戏进行创新创造。

第二章提到的奥巴马亲自启动的全美 STEM 视频游戏挑战赛的参赛者都是中学生，他们要设计可在开放或免费游戏平台上玩的游戏。这样学生便不是简单地参与到游戏当中，而是作为设计人员，参与到游戏的创作队伍中，一方面体现了以学习者为中心的思想，另一方面又降低了教育游戏的情境偏离学生生活的风险。

“全球儿童组织游戏计划”利用在线游戏提高青少年的数字素养和技能、全球意识和公民责任感。城市青少年参与了全球儿童组织的 Playing 4 Keeps 项目，设计和参与关于全球性的重大社会问题的游戏。设计优秀的游戏，需要研究、创造性思考、预想问题和解决方案的能力，及其他很多技能。

全球儿童组织启动的“严肃游戏领袖项目”培训，要求参加培训的儿童围绕贫穷等现实世界的问题设计游戏，儿童在这一过程中既可以获得创造性的设计和合作技能，同时也对全球问题有了更好的了解。

玩一玩

蜡笔物理学

1. 游戏简介

《蜡笔物理学》（*Crayon Physics*）是一款基于 2D 物理引擎的游戏，该游戏曾获得 2008 年美国独立游戏 Seumas McNally 最高奖。《蜡笔物理学》游戏画面如图 7–8 所示。

图 7-8 《蜡笔物理学》游戏画面

该游戏看起来是一个羊皮纸风格的蜡笔画，画面中有一个小球，用鼠标单击一下小球，小球就会滚动。玩家可以在画面中画任何物体，画的任何物体都有重量和质量，都符合牛顿运动定律。玩家需要借助自己画的这些东西，让这个小球砸住那颗星星，这一关就算过去了。80 关都过去以后，玩家就变成了小牛顿。

这个游戏不仅吸引了孩子，也吸引了很多成人，大家都很喜欢。它没有任何暴力、色情和反社会成分，十分吸引人。

2. 玩家评价

该游戏上线后，深受大家好评，下面就来看看摘自网上的玩家对它的评价：

游戏最大的精髓，也是它最惹人喜爱的地方，莫过于它的自由度，随便你画什么，圆的、方的、长的、短的、椭圆的、三角的……

这款游戏最大的乐趣在于需要尽情地展示玩家丰富的想象力，并且配合恰到好处的图形设计来达到过关的目的。

3. 游戏中的知识

《蜡笔物理学》游戏除了好玩以外，也具有重要的教育应用价值。

首先，该游戏有助于学习知识。游戏中包含了物理、数学、美术的基本知识，低年级学生在玩的过程中可以自主学习和探索这些知识，即使是幼儿园小朋友，也可以通过亲自绘画接触一些简单的物理原理。高年级学生在玩的过程中可以充分运用所学的知识，从而解决问题。该游戏包含的物理知识点有：① 力的三要素（方向、大小、作用点）、力的种类（重力、摩擦力、弹力）、杠杆原理、滑轮定理、平抛运动等。② 该游戏也整合了一些数学知识，如两点确定一条直线、三点确定一个面等。学生在玩游戏的同时，可以根据自己的爱好构造出各种各样的几何图形，如三角形、圆形、矩形，并且运用它们的性能（圆可以滚动、三角形起固定作用）解决问题。③ 该游戏还包含一些绘画知识，学生动手操作，可以锻炼学生的素描能力，包括对构图、形体、结构的把握，同时也可以学习色彩搭配。游戏中的知识如图 7–9 所示。

其次，除了学习知识，该游戏最重要的价值是在问题解决能力、创造力等高阶能力的培养方面。在这个游戏中，每一关面临的问题情境都是不同的，但是最后的结果都是让小球与星星碰撞。所以对玩家来说，首先必须全面地考虑情境中可利用的要素（如滑轮、火箭），然后在大脑中构想出一个小球滚动的路径，最后将自己的构想用鼠标表达出来。这个过程实际上是问题解决的过程，所有解决问题的方法都需要玩家自己去构建，因此有益于培养多角度思考、解决问题的能力。需要特别指出的是，因为每一关都没有固定答案，需要玩家充分发挥自己的想象力去寻找解决问题的方法，所以它有助于培养创造力。

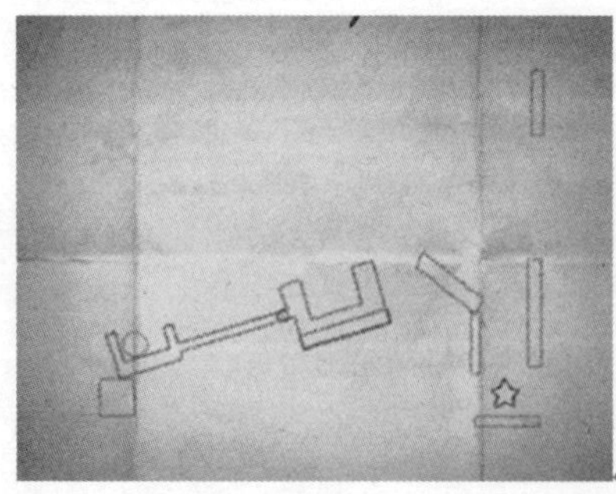
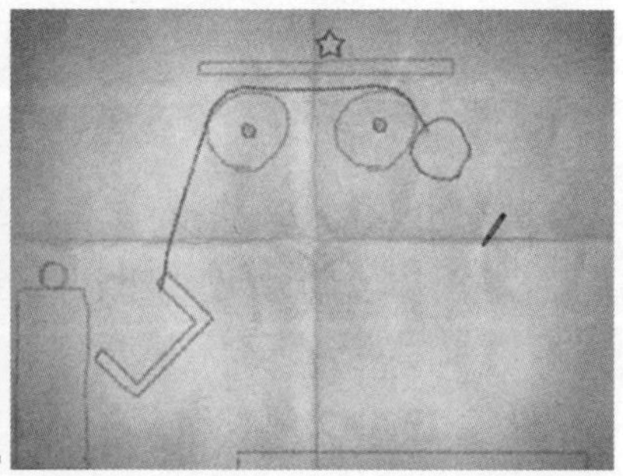

图 7–9 《蜡笔物理学》游戏中的知识

如图 7–10 所示，我们需要借助所画的物体，让这个小球砸住这颗星星，大家想想有什么方法？一般来说，我们都会想到斜着画一条线，然后让小球滚动下来，砸在斜线上，然后反弹下来砸住星星。

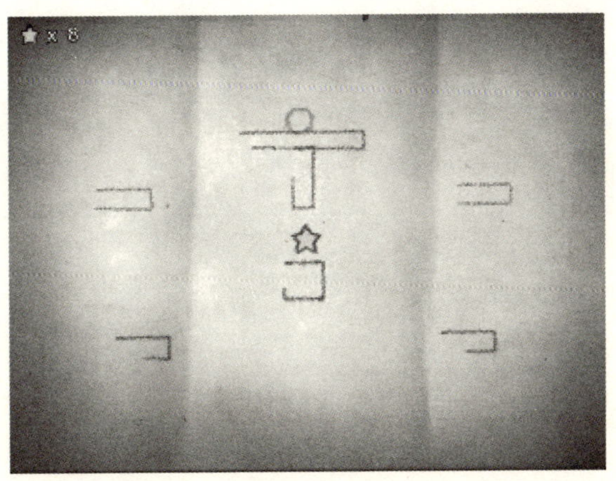

图 7–10 《蜡笔物理学》T–time 关

下面来看看图 7–11 中一个玩家的解法。大家可以看到，这位玩家设计了一套复杂的机械系统来解决这个问题，他需要一遍一遍地尝试，不断调整上方机关的力度、大小和重量，才能恰到好处地砸住这颗星星。

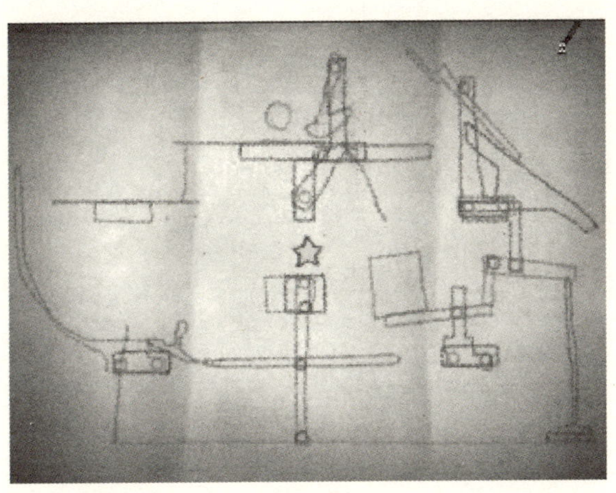

图 7–11 一个玩家“T–time”关的解法

当然，可能有人会认为这个玩家比较“笨”，这么简单的问题，结果用了这么复杂的方法来解决。但是仔细想一想，生活中是否有这样的同学，他们喜欢用复杂的方法去解决简单的问题，或许为此耽误了一些时间，但是当他们面对复杂的问题时仍然游刃有余，而我们习惯用简单的方法解决简单的问题，当面对复杂的问题时就会束手无策呢？因此，这个游戏给玩家提供了一个有趣的有助于培养创造力的环境。

——改编自蒋宇、蒋静、陈晔的《蜡笔物理学游戏的教育价值解析》

四、拓展的创作空间

《我的世界》（*Minecraft*）是一款3D建构游戏，由30个人组成的团队开发而成，在2014年9月被微软用25亿元人民币收购，成为2015年度第一季度微软视频游戏业务增长的第一贡献者。在被微软收购之前，其在国外有相当的影响力①。与《愤怒的小鸟》《切水果》这两款游戏不同，《我的世界》是完全开放的，没有剧情，玩家在游戏中做着建设、破坏等许多事，通过像乐高一样的积木来组合与拼凑，可以轻而易举地建造出小木屋、城堡，甚至城市，再加上玩家的想象力，建造天空之城、地下都市都能够实现。

游戏没有呈现华丽的画面与特效，孩子们可以自由地创造自我的世界，这是令孩子们着迷的地方。对于孩子而言，这是一款满足其无穷好奇心的、无边无际的、既容易上手又充满挑战的、不会觉得幼稚的游戏产品。而家长则认为，这款游戏如同乐高玩具一样，充满培养孩子的创新能力、动手能力、想象力、建构能力的魔力，可想象的空间和可拓展的空间又远胜乐高玩具。

---

① 安相龙，王婧怡. 中国儿童产业应抓住MINECRAFT的机遇［EB/OL］. https://www. docin. com/p – 1984341237. html.

像《蜡笔物理学》一样,《我的世界》为玩家提供了开放的创作空间。游戏本身除了可以激发玩家的创作热情之外，还能够延伸玩家的创作动力。

1. 同人小说

两个人影在浓雾里若隐若现。

此时正是午夜，月光洒在她们美丽的头发上。“猫猫，你是怎么当上酷跑骑士的？”娜娜坐在屋檐上，荡着脚，双手托住下巴问猫小萌（酷跑骑士是大家对捉捕吸血鬼爵士任务的执行人员的简称，而执行人员也非常喜欢这个名字）。魔女娜娜和猫小萌可是很好的闺蜜啊！猫小萌闭上眼睛，慢慢回忆：

我是在一个小村子里被捡到的。因为我长着猫耳朵，村民们都非常厌恶我，认为我是个猫中的恶魔。我的父母亲只是村民，却因为不肯把年幼的我丢掉，被大家赶出了村子，在竹林定居。父亲开始教我一些家传的绝技——三连跳，希望我成才。我很努力，终于实现了我的梦想，学会了三连跳并加入酷跑骑士。这很光荣。在我出发时，父母亲送了我一只宠物，它叫咕咕鸡仔，就是我身旁的这只。猫小萌摸了摸身旁的鸡仔。

娜娜笑了起来：“怪不得你的咕咕只想吃竹笋啊，它为什么不是绿色的呢？”

猫小萌拍了一下娜娜的头：“讨厌！那你的烈焰狮怎么不着火？”

“好了好了，楼上的两位别闹了，我们都睡不着觉了。你们就不能安静一点吗?”

“要你管!”

如上是《天天酷跑》游戏的同人小说《酷跑骑士》的片段。同人小说（fan fiction），原指的是利用原有的漫画、动画、小说、影视作品中的人物角色、故事情节或背景设定等元素进行的二次创作小说。如今，游戏的同人小说越来越多，由于其既要遵循原著，又要延续角色特点、故事情节进行继续创作，所以对创作者的要求很高。

2. 同人画作

绘画是非常考验创造力的艺术行为，与不同的游戏形式一样，绘画为儿童和成人提供了创造性地表达自己的想法和欣赏别人艺术才能的机会。暴雪公司为给游戏《暗黑破坏神 3：死神之镰》的发售造势，联手国际知名的艺术创作网站 deviant ART 举办了一场《暗黑破坏神 3：死神之镰》同人艺术创作比赛。参赛者需要通过 deviant ART 开设的专用投稿页面向举办方提交以游戏里的六大职业或是大反派死亡天使马萨伊尔（Malthael）为主题创作的艺术画作。

游戏拓展了绘画的空间，激发了游戏之外的绘画创作，产生了很多同人画作。图 7－12 所示为游戏《魔兽争霸》的精美同人画作。

图 7－12　游戏《魔兽争霸》的精美同人画作

3. 电影

现在有一些根据游戏来制作的电影，借助游戏和 3D 世界展现动画世界。麻省理工学院教授亨利·詹金斯（Henry Jenkins）曾阐述游戏如何提供表达场所，认为这是其他艺术和媒体形式所没有的。

游戏激发了游戏之外的艺术（同人小说、同人画作、电影）创作，不得

不说是游戏之于创造能力的一大促进。

4. 游戏本身

除此之外，游戏本身也逐渐成为一种创意媒介。就拿《小小大星球》（*Little Big Planet*）来说，该游戏玩家能够自己设计等级；或者是《孢子》（*Spore*），其玩家能够自己设计生物。许多游戏都设有活跃创意社区，玩家能够使用复杂的工具在射击游戏，如《战地》（*Battlefield*）系列，或虚拟角色扮演游戏，如《无冬之夜》（*Never Winter Nights*）中设计自己的等级。这就是自制关卡。利用游戏提供的工具或者程序自己制作更新关卡。前文推荐的《蜡笔物理学》也是可以自制关卡的。自制关卡的过程，就是玩家之间有效协作、基于项目的学习任务、真实的关注来体现创造性的过程。游戏为玩家提供了实验的空间，以探索与创新为导向，充满交互，体现了建构。

你玩过《反恐精英》（*Counter-Strike*，CS）吗？《反恐精英》其实就是基于游戏《半条命》（*Half Life*）引擎由玩家自制的游戏 MOD。所谓游戏 MOD，就是对游戏程序/引擎进行修改、添加、增强，或者利用一些制作商提供的关卡编辑器等，创作出新的游戏内容（剧本、人物、道具、地图）等[①]。

相比自制关卡，游戏 MOD 更具综合性，难度更高。一些热门或可玩性高的游戏，都成为游戏 MOD 的高产区，如第六章提及的《红警》，其知名的 MOD 就有十几个。玩家通过学习、研究，进行符合自己心愿的改变，变成游戏 MOD 进行网络展示和共享。

据伊丽莎白·赫顿（Elizabeth Hutton）和希亚姆·桑达尔（Shyam Sundar）联合撰写的《电子游戏机能增强创造力吗？舞蹈革命产生情感的实验研究》（*Can Video Games Enhance Creativity? An Experimental Investigation of Emotion Generated by Dance Revolution*）显示：社交平台，如优酷（Youku）、第二人生（Second Life）的视频和电脑游戏互动能够帮助人们进行创造性表达，这已在博客等旨在展示个人创造性成果的在线领域得到体现。

---

① 陶侃. 我们都是网中人：网络文化与人的发展［M］. 北京：北京交通大学出版社，2013.

实践篇

游戏、学习、工作的界限越来越模糊，
人们正在推动它们相互融合。

第八章

游戏进学校

《向虚拟世界移民》的作者，印第安纳大学的爱德华·卡斯特纳瓦（Edward Castronova）受到《魔兽世界》的启发，对其课程进行了令人瞠目、前所未有的改革。他宣布，所有来上课的学生都可以获得“经验值”，课堂陈述被称为“游戏任务”，“考试”被称为“打怪”，而家庭作业变成了“锻造”。学生被分为不同的合作小组，简称“游戏公会”。结果，该门课程成为学校的明星课程，学生的出勤率和学习效果得到了显著提高。雅达利创始人布什内尔表示，他正在努力将游戏变成一种教育工具，他相信教育加游戏的组合，能为糟糕的教育系统带来一场变革。

一、梦想在眼前

2014 年 1 月，北京市很多小学生已经进入了放寒假的状态。要是问北京的低年级小学生，今年最高兴的事情是什么，估计很多低年级小学生会回答说，没有考试了!

在北京市东城区、西城区、海淀区等的部分学校，一年级学生期末考试告别了传统试卷，改为玩游戏，甚至家长可以陪考。

在西城区的一些学校，考场中看不到传统的试卷，却到处都是学生们的笑声。他们考试不答卷，改为做游戏，答对了还能获得奖品。比如说，育才学校当年的期末考试就给了一年级学生巨大的惊喜。学生们人手一张“智慧闯关快乐遨游”体验卡，可以尝试“把耳朵叫醒”“蚂蚁搬家”“分秒不差”“奇思妙想”等多个游戏关卡，每通过一个关卡，家长志愿者评委便会给他们几颗代表得分的小星星。

对于一年级的学生来说，他们才刚刚进入小学几个月，期末就让他们进入紧张的考试，着实让人有点心疼。于是，学校想到了用游戏闯关的方式替代用纸笔的考试，基本和幼儿园一致，受到了学生和家长的热烈欢迎。在人大附小和人大附小京西分校一年级的期末考试中，家长可以“陪考”，与孩子一起做游戏，共同来攻克“难题”。

上述例子都是将游戏用在考试和作业阶段。如今，游戏与课堂教学也正在发生融合。

在西方国家，游戏进学校已经成为一个非常普遍的现象。

欧盟学校联盟（SchoolNet）认为，游戏在教育系统之所以有重要的作用，主要因为：游戏是受教育人群非常喜欢和广泛采用的主体休闲活动；通过在业余时间的游戏活动，学生不可避免地、不自觉地获得一定的知识、技能和价值观念。因此，现在的教育系统和教师绝不能忽视游戏。该组织一直致力于推进

游戏在中小学的教学应用，于 2009 年发布了一个调研报告——《数字游戏是如何应用到学校中的？》（*How are Digital Games Used in Schools*？），主要介绍了欧洲若干国家中小学校中的应用游戏来教学的案例和经验，在这个报告的基础上，还出版了一本教师在教学中使用游戏的指南。指南出版后被翻译成多国语言发行。可见，在欧洲，在学校中使用游戏已经成为非常普遍的现象。

英国的未来实验室（Future Lab）也一直非常关注电子游戏在中小学校的应用，曾于 2004 年发布报告。调研显示，尽管游戏的教育应用存在诸多障碍，但英国的大部分教师都支持在教学中要应用恰当的游戏。

古人云，“业精于勤荒于嬉”，“嬉”就有游戏的意思，因此游戏在我国教育中的应用发展得相对缓慢一些，尤其是目前网络游戏的一些负面影响，让许多对游戏持乐观态度的教师望而却步。

但是，国内多位研究者发现，教育系统中的教师、校长都对游戏的教育应用持积极乐观的态度，并且愿意尝试。一线教师迫切希望学校能够支持他们进行新的教学方法的引入和实践，并在教学中推广新的教学游戏；师范毕业生对教育游戏的教育功能也持肯定态度。抽样调查发现，校长们目前对教育游戏的前景比较看好，但是持观望态度，存在着“小心翼翼”却又“跃跃欲试”的心态，校长们认为教育游戏在综合实践活动等课程中会具有更大的应用价值①。

在苏格兰，国家资助的游戏与学习中心，正以鼓励教育游戏玩耍和设计为目标而努力着。该中心成立于 2006 年，致力于开发教育游戏。在爱丁堡附近的一所小学，课堂中就用任天堂的游戏来教学。游戏与学习中心专门设立了一个教学用游戏设备库，苏格兰有一个内联网 Glow，每位老师和学生都可以接入网络，游戏与学习中心在 Glow 上有一个专业社区，老师们可以加入，加入后老师们就可以预约借“游戏设备”。该中心每年有 4 段外借期。

在丹麦日德兰半岛的一个小镇上，有一所“比尔隆国际学校”，这是全球

① 尚俊杰，蒋宇. 发达地区中小学校长教育游戏应用意见调查［J］. 电化教育研究，2010（8）：100－105.

首家乐高积木学校，学校所处的比尔隆是乐高家族的家乡，该校于 2013 年 8 月正式开始招生。2013 年，学校接收 3～7 岁的学生，丹麦及国际学生都可以申请。这所学校注重乐趣、创造性，以及将学习与快乐相联系，乐高学校的课程符合国际学校的 IB 水平及丹麦的教育制度。

“乐高”在丹麦语中就是“玩好”的意思，这一理念被引入到乐高学校的课堂上。在课堂上，积木是严肃的教学工具，学生用积木来搭建任何一个设想，实现自己的创意，积木为学生的创造搭建了一个平台。学生在使用积木时变得很活跃，他们需要亲自动手。很多家长去了学校参观，对学校的教育方式很惊喜。学校不仅仅有积木，还遵循课程标准，以及国际文凭组织的探究式学习体系。

“乐高”积木家族的创始人克伊尔德·科尔克·克里斯蒂安森（Kjeld Kirk Kristiansen）希望这所学校能够通过培育这个郊区小镇儿童的创意，从而提高他们将来的竞争力及对社区的投入感。进入这个学校的儿童，课堂、课外游戏已经是一种正式的学习了。孩子在学校玩乐高积木的情景如图 8-1 所示。

图 8-1　孩子在学校玩乐高积木

可以预言，你的孩子，也就是我们的下一代，在学校将有机会接触到更多的游戏。游戏进入学校，促进了改变的发生，使学生变得更加主动，成为学习的主人翁。

延伸阅读

在全球范围内，为儿童开发的游戏数量正呈爆炸性增长的态势，而且越来越多的商业游戏也被开始用于课堂教学环境中。越来越多的人，包括基金会、政府、私有企业，都开始赞助基于游戏的学习应用。越来越多训练有素的游戏开发者都将目光从娱乐业转到教育业，越来越多的科学家都开始考虑将严谨的问题求解和大数据同游戏这种参与性极强的教学工具结合起来。

——摘编自美国新媒体联盟《地平线报告》2014

二、你与大家在一起

在游戏与教学应用方面，国内外，从古至今，有很多研究者和一线教师在教育环境中开展了实践。

1. 国内

孔子非常强调游戏在教育中的重要作用，认为只有让学生达到乐学好学的境界，才能真正促进学生的全面和谐发展，才能为国家和社会建设培养出真正的创新人才。孔子教育思想中有关教育与游戏关系的观点集中体现在以下 3 个方面。

（1）教育应该和游戏一样令人快乐、投入

“学而时习之，不亦说乎？”孔子认为学习是一件快乐的事情，并且认为“知之者不如好之者，好之者不如乐之者”，即学习的最高境界应该是达到“乐”的境界。这种“乐”不是简单的物质满足，而是精神的愉悦和满足，即达到一种“发愤忘食，乐以忘忧，不知老之将至”的状态。这种快乐、投入的情感状态与人们游戏时的情感体验有着高度的相似性。从这一点来看，孔子心中的理想教育并不是一个枯燥死板的过程体验，相反，它应该和游戏一样有趣。为了达到“乐”的境界，教育就必须如游戏一样从一种外在需要转变为内在需要，即让学生不仅感知学习的有用性，而且要激发他们的内在动机，从而实现在“心流”的状态下完成学习过程的目标。

（2）学校和生活中应该平衡知识与游戏的比例

孔子在教学的内容上继承了西周贵族“礼、乐、射、御、书、数”的“六艺”教育传统，并在此基础上整理编辑《诗》《书》《礼》《易》《乐》《春秋》作为教材。由此可以看出，孔子不仅重视学生治国之道的培养，而且还强调从诗歌、音乐、歌舞等游戏娱乐方面对学生加以熏陶和培养。“兴于诗，立于礼，成于乐”，孔子认为学生在游戏娱乐上的学习，不仅能增加学习的乐趣，还可以引起学生在思想情感上的共鸣和思考，进而启发和激励学生在知识上的深入学习。在生活的闲暇时间，培养适宜的游戏爱好对人的成长发展也是大有裨益的。孔子在《论语·阳货》篇中就提到“饱食终日，无所用心，难矣哉！不有博弈者乎？为之，尤贤乎已”。意思是说，闲来无事不知做什么，还不如下棋。

（3）游戏是教育教学的重要方式

在正式的传道授业解惑时，孔子非常注重以对话的形式启发学生形成对问题的认识，其间不仅对话形式非常灵活，可以是个人的、集体的，也可以是相互的，而且轻松愉悦的对话氛围、循循善诱的启发方法，常能将学生带入兴趣盎然、欲罢不能的忘我境界。在闲暇时间，孔子要求学生积极参加各种有益身心的游艺活动，比如游山登高，从大自然的山水之间陶冶性情，感悟自然和人生真谛，再如钓鱼、田猎等活动，从而获得强健的体魄等。无论是在正式还是在非正式教育里，孔子在其教学方法中都渗透了游戏的精神和形式，这样的结合并没有使学生“玩物丧志”，前途尽毁，相反，在这种教学方式下，天赋各异的学生大部分都成了国家的栋梁之材。这进一步说明了游戏在教育中的重要性。

2. 国外

还记得第二章提到的“希腊三杰”吗？如果不记得是哪三杰，请翻看一下第二章的介绍。他们以理性教育为核心的教育思想体系，即使在教师职业化，教育独立地成为一项社会劳动后，也没有割裂其与生活、游戏之间的联系，尤其是要求教师从生活和游戏中借鉴教学方法。

（1）福禄培尔

德国教育家福禄培尔（Froebel）是幼儿园运动的创始人，他认为教育要适应自然，顺应儿童的天性[①]。游戏可以顺应儿童自然发展的需要，是儿童发展重要的生活因素，是儿童发展内在本质的自发表现，因此幼儿教育要与游戏相结合。为此，他还亲自开发了一套游戏活动玩具——恩物（boxes），随后逐渐发展成为幼儿园的教学用具。

（2）蒙台梭利

意大利教育家蒙台梭利（Montessori）是继福禄培尔之后，对幼儿教育和游戏化教学理论与实践做出过重要贡献的专家[②]。她认为教育要顺应幼儿发展的需要。幼儿开始运动时就能从身处的环境中接受刺激来积累外部经验了，而这种经验的积累借助的就是游戏，所以游戏是幼儿发展的必经阶段。幼儿借助游戏使他们的生命力得到表现和满足，并得到进一步发展。

然而，蒙台梭利明确指出，那些不为事实所支撑的幻想游戏，并不利于幼儿的发展，不能培养幼儿的创造力，只有那些为事实所支撑的游戏才能培养幼儿的创造力。这里，她批判的主要是假装游戏[③]。一方面，她认为成人不应对幼儿的假装游戏进行干涉，即直接告诉幼儿可以把某物假想成某物，这种做法只会徒增幼儿的困惑，对其想象力的培养毫无意义；另一方面，她还指出，长期的假装游戏会让幼儿把幻想的东西当成真实的存在，容易让幼儿形成逃避现实的消极心理，不利于其健康成长。

① 单中惠. 福禄培尔幼儿教育著作精选［M］. 上海：华东师范大学出版社，2009.
② 鲍亚. 蒙台梭利儿童课程研究［D］. 南京：南京师范大学，2007.
③ 蒙台梭利. 教育中的自发活动［M］. 江雪，译. 天津：天津人民出版社，2003.

（3）杜威

杜威（Dewey）是美国一位颇具影响力的教育家和哲学家，他认为游戏是儿童生活的重要组成部分。他认为，对于儿童而言，特别是在幼儿阶段，“生活即游戏，游戏即生活”[①]，还建议学校要采用游戏和主动作业，并使它们在课程中占据明确的位置。

延伸阅读

大 家 书 目

福禄培尔：《母亲：游戏与儿歌》（*Mother: Play and Nursery Songs*），不仅精选了很多有益于幼儿发展的经典游戏，还为家长们附上了贴心详细的游戏指导。

蒙台梭利：《蒙台梭利幼儿教育科学方法》，描述了幼儿如何在游戏中完成各项感觉、阅读、数学、体育训练的过程。

三、只为更贴近儿童心灵

“我看到了绿色的天空、绿色的墙、绿色的轮胎……”“我看到了绿色的字、绿色的滑滑梯，老师，还有绿色的你……”

一群孩子在幼儿园的院子里欢呼雀跃，透过绿色眼镜，他们发现了一个完全不同的绿色世界。这是该园的孩子们学习诗歌《绿色的世界》的情景。

在一面数学墙前，几个孩子按照卡片上的时间拨动钟表上的指针，

① 杜威．民主主义与教育［M］．王承绪，译．北京：人民教育出版社，2001.

还有几个孩子研究绳子上各色小夹子的出现规律并续上小夹子。

生活区里，配餐的小服务员按照顾客需求，数好各色元宵装进小碗；做炸串的小服务员则根据顾客要求，把不同食材穿在串上。

这是江苏徐州某幼儿园上课时的场景。老师说，这些游戏其实都蕴含着数学思维，是在教孩子们寻找规律。

徐州市教育局在全市幼儿园中推进课程游戏化，让游戏贯穿在幼儿一日活动的各个环节中，从生活、游戏、学习、运动四大领域探讨游戏化方案，科学创建课程游戏化环境，构建游戏化活动区域，让幼儿在游戏中通过自己的感知，将生活经验迁移为知识。

什么是课程游戏化？课程游戏化是一个系统工程，核心目的是让幼儿园课程更加贴近幼儿的实际发展水平，贴近幼儿的学习特点，贴近幼儿的生活及兴趣与需要。

教育部发布的《幼儿园教育指导纲要（试行）》提出，游戏是幼儿园的基本活动，意味着游戏是重要的和不可缺少的。其内涵有三：一是幼儿园课程应游戏化，充满游戏精神，是自由的、自主的、创造性的、愉悦的，不是个别环节要做游戏，而是在一日的生活中都要充满游戏精神；二是自由游戏时间要得到保障，不能被“教学”及其他教师直接指导的活动所替代；三是其他活动环节，尤其像集体教学活动环节，应尽可能采用游戏方式。

延伸阅读

如何课程游戏化？

课程游戏化不是用游戏去替代其他实施途径，不是把幼儿园所有活动都变为游戏。课程游戏化是确保基本的游戏活动时间，同时又把游戏的理念、精神渗透到课程实施的各类活动中，其中包括一日生活、区域活动、集体教学活动等。也就是说，专门的游戏活动时间要确保，使幼儿每天有自选活动的机会，自由游戏时间有保证。

在课程设置上，各幼儿园根据孩子的不同年龄特点，创设与其直接经验相关的游戏场景，如小班的“娃娃家”“建筑工地”“甜品屋”，中班的“小医院”“休闲吧”“理发店”“购物中心”，大班的“美食一条街”“商业区”“小舞台”“银行”。同时，用音乐游戏引领幼儿一日生活，洗手、如厕、集合、进餐、入睡等环节均选择适宜的音乐游戏，让幼儿在边听音乐边游戏的过程中完成各项活动。

在环境创设方面，则遵循“让每一面墙都会说话，每个角落都成为孩子们游戏的乐园”的原则。

在公园巷幼儿园西苑园区里，一进门就是 100 m^2 的种植园，园里的十几种果树、蔬菜都由孩子们照料、采摘、品尝。教室里，则按照“玩美术”“玩科学”“玩数学”“玩表演”进行区分。

开发区一幼教园区 2 700 m^2 户外活动场地被打造成“快乐农场”“阳光运动”两大区域。教学楼一楼大厅被改造成绘本馆，二楼走廊被打造成快乐数学操作空间，楼梯区域则将绘本与数学元素进行组合。每间教室还设有“豆豆家”“动手动脑”“快乐数学”等 7 个游戏区角。

——改编自《在游戏中“玩”出精彩童年》中国教育报，2015 年 6 月 21 日第 1 版

较课程游戏化的应用稍微微观一些的是在课程中设计、组织一次游戏学习活动，在游戏化学习活动中，重点在于设计这种游戏化学习应用的步骤，一般分为 3 个阶段，5 个步骤。第一阶段是导入，第二阶段是游戏，第三阶段是反思与总结。

《激光大作战》是一款与科学相关的游戏，也是这次案例篇中所推荐的一款游戏，属于策略类的小游戏。

在案例篇中，这个游戏被进行了教学改编，针对光学的教学设计了课堂游戏活动，学生将被提供固定的光源，使用手中的镜子和棱镜，根据游戏所提供的谜题，将光打到相应的位置上。《激光大作战》游戏画面如图 8－2 所示。

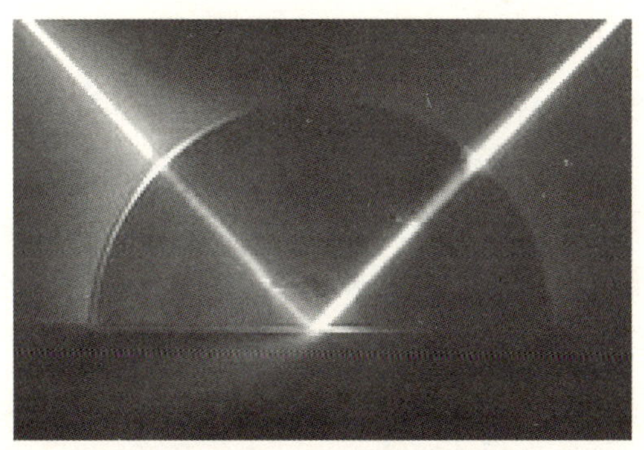

图 8－2　《激光大作战》游戏

整合了《激光大作战》游戏的教学活动有 3 个目标：

① 学习物理的光学知识，初步了解光的折射、反射等原理；

② 培养学生的解决问题能力，每一关都是一个独立的问题情境，学生必须经过观察和思考决定使用的镜子；

③ 培养学生的创造力。

该活动需要的材料有激光笔 2 支、镜子 10 面、棱镜 4 个、黑板 1 个、粉笔若干、遮挡物若干。

在《激光大作战》游戏化学习活动中，具体步骤如下。

第一步是导入，教师讲述基本的光学现象，如折射、反射等，然后介绍游戏的规则，展示黑板上的点及障碍物，说明积分规则。

第二步是分组，每组 5 人左右，并分配道具。

第三步是游戏，开展小组竞赛，教师作为计分员给学生们计分。在游戏过程中应提醒学生注意保护眼睛，避免眼睛被激光笔的光线刺激。教师在计分的同时应注意观察每一组的合作情况。可不时提示学生思考为什么光会发生折射和反射。

第四步是反思，教师公布每个小组的总分和比赛情况，让学生们反思自己在游戏过程中是怎样利用光的反射和折射现象的，并简单讲述光的反射和折射知识。

第五步是总结，总结在这个游戏中的收获。

这个游戏时间比较长，可用于一节课的活动，活动任务的目标相对来说比较综合，教师在各个阶段都要注重引导，在游戏过程中要注意组织与管理，鼓励学生进行反思与交流。

较课堂上的游戏化活动更微观的是某个教学应用，可以称为（课堂上）片段式整合应用，是在维持原来课堂教学环节的基础上，将游戏应用于课堂教学的某个教学环节中，这样做的目的是优化教学，一般为某个独立游戏的完整应用，时间比较短，10 分钟左右。

片段式整合应用的认识基础是将游戏作为一种技术手段，就像把游戏当成一种特殊的信息技术，即客观的媒体，一种有教育价值、明确的知识能力目标的学习软件，与教学活动及教学设计进行整合。

《家人团聚》是数学游戏。

先请 1 个学生，说出自己的学号，比如说 15。以这个学生为基准，在其他学生中，谁的学号和他的学号有倍数或因数关系的，就跟他是一家人，请站出来，并说出自己的学号和这个同学的学号的关系。

这个游戏可以用于倍数和因数知识的练习，通过练习，学生能找出 100 以内某个自然数的所有倍数，能找出某个自然数的所有因数。《家人团聚》游戏场景如图 8-3 所示。

图 8-3 《家人团聚》游戏场景

根据游戏规则，学号为 15，3，5，30，45 的为一家人。

从上文中，我们归纳出了教学游戏化的 3 种具体形式，如图 8-4 所示。

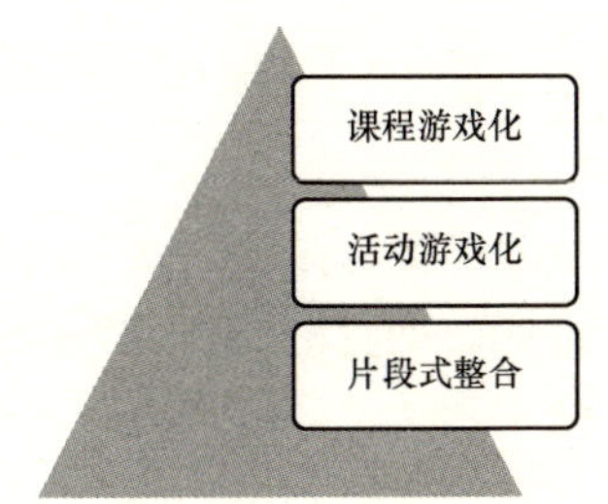

图 8-4　教学游戏化的 3 种形式

在这 3 种具体形式中：

① 课程游戏化难度最大，需要从学校层面进行统筹设计，重新规划课程与学习内容；

② 活动游戏化难度适中，适于在较为成型的活动中设计选用；

③ 片段式整合是最常见的教学游戏化的存在形式，也比较简单。

这 3 种形式都需要教师进行转变，具体转变见本章“六、教师该何去何从”。

除了游戏本身之外，教学游戏化还要考虑学科和学生的情况，以及教学实施的客观条件。

在学科和学生的情况方面，主要是要考虑学生的能力，实际上更多的是适合不适合、喜欢不喜欢的问题，不是所有的学生都喜欢游戏化学习，要根据学习者的水平来选择，还要考虑学生的身体状况，如耳眼、年龄及学习偏好等。研究和经验告诉我们，超出年龄认知能力的游戏会给学生带来挫败感。就学科特点而言，很多游戏都可以培养综合能力，比如说既有知识学习，又有能力训练，那么在选择时要根据在本学科教学应用的知识点来确定，比如目的是学加减法，那么就选加减法为主的，不能选学单词的。

在教学实施的客观条件方面，第一，要考虑时间，上课时间总是有限的，如果用了游戏，时间上如何安排，对于综合一些的游戏，用的时间可能更长，那如何在现有的课程安排中挤出游戏化学习的时间来？第二，游戏加入之后，是对现有教育课程的一个小颠覆，学习会变得“不那么严肃”，家长和学生能接受吗？第三，学习的环境，如教具、媒体等因素也要考虑。

依据学习目标和内容，结合已有的一些研究成果，我们做了以下分类，如表 8-1 所示。

表 8-1　游戏与常见学习目标匹配表

教学目标	游戏类型	发挥的作用
与学科相关的知识点	小游戏、策略类游戏	吸引兴趣，维持动机，学习并巩固知识
手脚协作等运动能力	动作类、体育类	锻炼灵活性与协调能力
情感态度与价值观、问题解决等高阶能力	角色扮演类、模拟经营类	体验学习，探究学习，增强责任感

不同类型的游戏含有不同领域的知识，各有所专攻，学习目标是教学规定的。对于知识点教学的目标，可以选择一些小游戏，用时短，见效快，如猜字游戏、记单词游戏、唱儿歌；如果要训练手脚协作等运动能力，可以选择动作类和体育类游戏，如投篮球、钓鱼、开摩托车；对于一些综合的学习目标，可以选择角色扮演类游戏，如模拟城市、QQ 宠物等。

教学游戏化追求的是让教学更加适合儿童，教学更生动，丰富，有趣。儿童的内心有游戏的种子，因此，教学环境、材料应是丰富多样的，课程应能够吸引儿童专注地投入活动，激发和提升他们的兴趣，满足他们的需要，从而让他们获得更多新的经验。

四、为教育的游戏设计

为教育专门设计游戏是研究者和一线教师的期望，也是他们奋斗的目标。提及游戏的设计与开发，将会有很多内容，本书鉴于篇幅及目的，并不是想让你学会如何设计与开发游戏。如果你对设计与开发游戏感兴趣，可以自行阅读相关的图书。

与其他一般的游戏相比，为教育而设计的游戏既要考虑游戏性，更要考虑教育性。如果一款“游戏”教育性太浓，就跟普通的教育软件没有区别；如果过于游戏化，又会有人质疑教育意义不强。因此，设计教育类游戏非常困难，顶级的教育软件设计师都认为它是一个较难的问题。教育（类）游戏

的设计如图 8-5 所示。

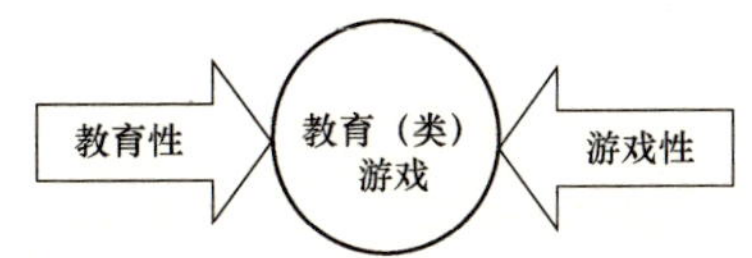

图 8-5　教育（类）游戏的设计

这里介绍几个概念，有助于你进一步了解为教育而设计游戏。

① 严肃游戏：严肃游戏是视频和计算机游戏的一种。严肃游戏有多种风格，但其核心目的并非以普通游戏的娱乐为目的，而是训练与教育。严肃游戏通常是一种具有游戏的外观与感觉的游戏，实质是对现实事件或过程的模拟。

② 轻游戏：它把游戏中一些有利于引起学习者兴趣、增加学习者关注的因素引入到教育软件中，是一种带有趣味性的学习软件。它实质上是强调教育游戏是一种教育软件。"轻游戏" = 教育软件+主流游戏的内在动机①。

③ 教育（计算机）游戏：专门为教育开发的计算机游戏。

尽管为教育设计游戏得到越来越多的人认同，国内从事这一行的人也越来越多，但是教育游戏设计人员结构尚未发生根本转变。目前国内教育游戏的供给一般有如下几个来源：研究机构、一线教师、专门企业、其他游戏开发者。

研究机构一般重在应用研究，开发的教育游戏不多，台湾地区有很多大学的研究生经常会进行教育游戏设计与开发，也多只是在实验阶段使用，尚未进行规模化和产业化。

除了高校等研究机构以外，一线教师也是教育游戏开发的一支力量，他们对教学内容更了解，也能开发出更接地气的产品，但是毕竟大部分中小学教师不是专门学习游戏开发的，技术水平较低，所以优质产品还是比较少。

不管是科研机构还是中小学教师开发的游戏，数量上都是有限的。英语学科的教育游戏占了较大比重，其次是数学学科以及理工类学科，教育机构开发成型的语文、数学、英语、理工及文史类教育游戏大多数基于学校课程、

① 尚俊杰，李芳乐，李浩文. "轻游戏"：教育游戏的希望和未来［J］. 电化教育研究，2005（1）：24-26.

教材课本，一些培养公民意识、科学理念和技能养成的教育游戏并未实现。

专门企业是教育游戏开发的主要力量，腾讯研究院 2017 年在《跨界发现游戏力》中，曾分析过全国应用游戏峰会从 2014 年到 2017 年发布的 130 款获奖游戏，发现教育类的功能游戏最多，约占总数的 43%。腾讯于 2018 年 2 月宣布全面布局功能游戏行业。

现在的很多互联网教育企业的产品中也嵌入了教育游戏或融入了游戏化的思路。

有一些游戏开发个人也开发了一批益智类教育游戏，这些游戏往往以 App 的方式提供，目前在 App Store 上，这样的游戏也是最受欢迎的，大多用在学前教育或课外学习中。

总的来说，目前国内的教育游戏供给还很不足，没有出现成熟的商业模式支撑企业进入这一领域，教育界关于教育游戏的开发与使用也处于较为零散的状态，缺乏高质量的教育游戏产品，当前供应给用户的教育类游戏无法满足需求。

现如今，随着游戏工具的简易化，以及学生信息素养的提升，让学生参与到教育游戏的开发是一种不错的尝试。可以通过如下四种途径让学生参与到教育游戏的设计当中。

其一，鼓励学生设计并开发覆盖课程学习内容的游戏。这种方式适合从小学到大学的所有学生，这些游戏可以是小游戏（mini-games）（指玩一次的时间通常在一小时以内的游戏），由 2～4 名学生组成游戏开发团队，在内容专家和游戏专家的指导下进行游戏设计与开发。

其二，鼓励学生对现有游戏进行改编。学生能够适当改变游戏中的规则，比如常见的扑克牌游戏，规则就是因地因人而异的，对于电子游戏，有的就开放了后台程序，玩家可根据自己的喜好进行改编。

其三，鼓励高年级学生为低年级学生设计游戏，如高中生为小学生开发游戏，大学生为初中生开发游戏，研究生为高中生开发游戏。这样学生可以玩到比他们水平高的学生开发的游戏，同时又避免了游戏开发者的经验和学生的自身经验离得太远。

其四，基于游戏原型和游戏设计开发平台的游戏开发竞赛。为学生提供游戏开发平台，这样的平台现在也有几个，如 RPGmaker，Kudo 等都是，利

用它们，可以在学生之间开展一场设计竞赛，学生组成设计团队后，在教师的指导下，除了考虑角色和情节外，还会考虑目标、决策、动机激发、合作、竞争等因素。这种比赛还可以跨校举行，持续 9～12 个月，同时比赛评分还要考察开发文档和团队协作等因素。

五、准备跨学科的探险

卢卡斯·吉利斯皮（Lucas Gillispie）是美国一名高中老师，他在美国北卡罗来纳州一所中学任教十多年，后来成为学区的教育科技主管。他自己是拥有多年游戏经验的玩家，认为这种虚拟世界肯定能够在教育中占据一席之地，便尝试利用《魔兽世界》及其他 MMORPG（大型多人在线角色扮演游戏）进行教学，让学生通过游戏化的方式学习英语和数学。他说："如果学生对于细胞结构和功能的兴趣能够如《熔火之心》(《魔兽世界》中的一个副本）那样，那他们肯定都能拿到 A。"他与他人合作开发了适合中学生的 WoWinSchool 以及适合小学生的 MinecraftinSchool。《魔兽世界》截图如图 8－6 所示。

图 8－6　《魔兽世界》截图

WoWinSchool 设立的初衷是为初高中有辍学危险的学生设计为期 6～10 个月的课后活动，这些课程与美国的核心课程标准（common core standards）一致，每个辅导课程适合人数上限为 15 人，以《魔兽世界》的故事与情境作为背景，将文学、写作、数学、公民素养、领导力、线上安全知识等学习内容整合进去。经过一年的发展，WoWinSchool 就由课外活动发展为学校里的选修课，有 7 年级和 8 年级的 30 名学生参与到这个项目中。卢卡斯・吉利斯皮创办了一个专门教授教师如何在课堂中利用《魔兽世界》进行教学的网站 WoWinSchool[①]，在这个页面能找到所有基于《魔兽世界》而开发的教案、资源与完整的课程设计方案，都是开放使用的。

佩吉・希伊（Peggy Sheehy）也是将《魔兽世界》应用于学校的设计者之一，她与卢卡斯・吉利斯皮合作开发基于《魔兽世界》的在线学习课程，“英雄之旅”（the pero’s journey）[②]便是其中的一门中学语言课程。

玩一玩

英雄之旅

课程目标：反映国家标准，覆盖 8 年级英语的听、说、读、写 4 个领域的目标，其中阅读相关 5 个，写作相关 5 个，听说相关 1 个，语言技巧相关 3 个。

主要背景：通过探索艾泽拉斯这个在线世界，体验英雄之旅。选择玩家角色，以及如何帮助艾泽拉斯的好公民，与你的经验值有关。你不是一个人，而是与伙伴们一起，在冒险之旅中互相支持。

探究（quest）：一个任务，单元，一周或一节课内完成，这取决于在游戏中的时间。整个英雄之旅被分成 36 个探究，从建立角色开始到制

① http://wowinschool. pbworks. com/w/page/5268731/FrontPage.

② GILLISPIE，LAWSON. WoWinSchool a heros journey［EB/OL］(2011－12－28)［2018－07－03］. http://wowinschool. pbworks. com/f/WoWinSchool－A－Heros－Journey. pdf.

作成果视频，探究既有在游戏中完成的，也有在游戏外完成的。

挑战：一个探究中更小的小部分。这些挑战发生在如下场景中。

① 小酒馆讨论（tavern talks）：小酒馆是传奇故事开始流传的地方，也是冒险开始的地方。在小酒馆里与同学进行主题性讨论或在线实时讨论，或者在课程管理系统（moodle）里进行关于游戏体验的主题性讨论，参加讨论的一般包括同龄人和老师，涉及对内容、语法和拼写的反馈。

② 英雄日志（the hero's journal）：反思性写作，鼓励学生将游戏中的体验与霍比特人及日常生活联系起来。

③ 现实生活（in real life）：为现实生活准备的隐语文字游戏，这些发生在游戏之外的现实世界中。可以将其与现实世界的经历相联系，对比艾泽拉斯、霍比特人与现实世界。

④ 艾泽拉斯（azeroth）：这些挑战基本上都发生在《魔兽世界》里。

⑤ 神话和传奇（lore and legend）：这些挑战涉及课本学习和课外阅读材料的学习。

如何评估：

学生自己起草游戏里的公会（guild）的使命和目标，教师给出任务系统（quests）作为学习的每个小阶段的目标，学生主要通过各种挑战来完成任务并获得经验值[①]。经验值的数量取决于工作完成的质量，随着经验值的增多，在课程中的英雄级别会上升。

在课程中，教师不是知识的传授者，而是和学生一起在游戏中扮演角色，被称为博学行者（lore keepers）。博学行者作为一个有经验的指导者，而不是传统意义上的教师在学生身边来传达教师的期望。

游戏外的写作任务如下。

① 合作性故事写作：学生形成小组，写作自己的冒险故事和英雄事迹，每次写一句。

② 创作主题谜语：学生创作谜语，模仿在霍比特人中发现的句式。

---

① 这是《魔兽世界》这样的游戏向玩家展示游戏成果的方式，表示一个角色要到达下一个等级所需的点数，通常由打怪或是任务完成时的奖励获得。随着完成一个个任务，玩家可以获得经验值，并且随着玩家对内容的完成不断累积，随之获得等级。

③ 实时发微博：随着游戏的进程，利用这一丰富的故事情节驱动的游戏变化，调整课程管理系统，适应基于推特（Twitter）的写作模式，学生从游戏角色的视角来看待事件的展开。

其他元素：

在游戏之外还需要一些支持，如选择一个 RolePlay（RP）服务器，虽然并不严格遵循角色扮演相关的规则，但是这种服务器的形式与学习者的诸多目标是一致的。此外，游戏需要以联盟的形式进行，这与“英雄之旅”的形式相匹配。

显然，“英雄之旅”是一种任务驱动的学习，学生选择一个角色，如矮人、精灵、兽人等，与其他学生共同组成公会，打怪升级，赚经验值。老师把特定的学习目标设计成“任务”，学生们作为“英雄”必须完成这些任务。任务可能会包含比较式作文或刻画类练习，如阅读托尔金的《霍比特人》，被点名的人必须从书中选出一个角色并归类为《魔兽世界》中的一种，他要通过文字来描述做出选择的依据。

此外，在评价学习成果时，学生获得的是经验值而不是分数，学生完成任务而不是做作业。这种基于游戏任务的评价给予学生无穷的创造空间，他们不再担心失败，因为游戏给了他们重新开始的机会。

失败只是意味着你需要尝试一种新的方法，它刺激你思考解决问题的方法，激发你冒险的欲望，并自然地让你展露出尝试新事物的渴望。

但在大多数课堂上，学生总是被灌输“失败是可耻的”这样的想法。可见，基于游戏任务的评价与传统课堂中的测试有根本的不同。

卢卡斯·吉利斯皮及其团队在学校实施了 WoWinSchool 项目之后，吸引了其他学校同行的注意，他们通过教学网站分享个人的教学经验，共享设计的学习单元（见 WoWinSchool 网站）。与传统课程相比，《魔兽世界》的课程有很多不同，具体表现见表 8-2。

表 8-2　传统课堂与魔兽世界的课堂

项目	传统课堂	魔兽世界的课程
学习资源	有限的信息，老师，教材和练习册	内置的资源，网站，博客等
学习时间	有限的时间，只有认真听讲才能掌握知识，成就是变化的	无限的时间，根据学习者的步调掌握知识
团队合作	不许说话，投机取巧者总能在小组学习中搭上顺风车	合作对于成功来说是必需的，每个人的能力都可以为团队带来一些成就，投机取巧者会失败，公会提供了一个更大的社区
个性化	对所有人来说都是一样的内容，主要是为了让大多数人学会，学习者在学习过程中几乎没有选择机会或发言机会	可以选择适合自己的游戏或学习风格，定制化的学习体验
评价方式	学生感到害怕和讨厌，评价是有统一标准的，很少能测量到深度理解能力，是阶段性的	学生梦寐以求的，根据所选择道路的不同，评价方式各有不同，完美测量学习效果，并且是常数
失败	失败要受到惩罚，如果最后课程考试分数得了 69，需要重考，忽略了学习者已经掌握了 69%这一现象	失败反而是被期待的，在探索中失败意味着你需要重新尝试，为了征服，根据需要，尽可能地尝试（同时你不会回到初级水平）
参与度	学习与学生的个人目标和兴趣几乎没有联系	深度参与，学习与学生的目标和情境直接联系

尽管如此，但也不是所有人都会接受用《魔兽世界》来教学，卢卡斯·吉利斯皮在推行中也遇到过一些阻力，对此，他所在的项目组推出了在学校开展游戏化教学的 12 条建议①。

① 将学生放在第一位。

② 寻找你的支持者，就算是没有明确说要一起做的，也要找到那些可能想要做的，同时将你的领导卷进来，不仅是为了告诉他你在做什么，他更是强大的资源。

③ 招募 IT 同事，一定要建立一种合作关系，他需要知道游戏的具体作用，并且你要明确他在合作中的研究任务。

④ 以公会的形式开始，在课前、课后均可以进行，比较灵活。

⑤ 识别“危险”的学生和边缘化的学生，“危险”的学生有可能对学习

---

① GILLISPIE，LAWSON. WoWinSchool a heros journey［DB/OL］(2011－12－18)［2018－07－03］. http://wowinschool. pbworks. com/f/WoWinSchool－A－Heros－Journey. pdf.

感到厌恶（他们对传统课堂也抵触），让学生自主决定他的学习。

⑥ 阅读并分享你的文献。

⑦ 将项目与教学目标绑定起来，不需要非常精准地与教学目标对应，但以公会形式与已有学习目标看齐是必需的。另外，要抓住机会向同事讲述这种学习对领导力、协作能力等在传统课堂中被忽视的能力培养的好处。

⑧ 让家长参与，向家长阐释项目和你的期望，必要的话，从家长角度录制宣传的视频。

⑨ 做好项目的宣传。

⑩ 邀请参观者，不仅是宣传你的项目，更是让学生能够在更多人面前展示。

⑪ 加强联系，加强与自己正在从事类似工作的教育专家的联系，让他们与你的领导对话。另外，让你的学生与其他学生也联系起来。

⑫ 记住第①条。

六、教师该何去何从

虽然游戏具有很高的教育价值，玩家在不经意间可以学习一些知识，但如果要让学生或者孩子在游戏中系统地学习，这就需要老师适当地指导或提出要求。

在学校中游戏化学习的应用，已经对教师的已有教学观念、教学方式、教学手段形成很大的冲击，正如信息技术在教学中应用之后，教师的角色已经发生了变化，说得最多的就是在信息化环境下，教师的角色由知识传授者转变为学习的支持者、辅助者。

如果在家中或者其他环境中应用游戏化学习，我们希望教师能够担任如下 4 个角色。

1. 当一名“好观众”

“观众”是作为旁观者来看学生学习的，但是作为一名“好观众”，要求积极地看，专心地听，及时地表扬。应认真观看学生的学习过程，观看个别学生的游戏操作。在游戏过程中，学生往往不自觉地发出一些声音，或是惊叹，或是遗憾，或是愤怒，传达了瞬间的情绪，教师要根据这些情绪给予积极的反馈，及时表扬学生的进步，激励个别学生持续学习下去。

2. 充当“后勤部长”

这个角色主要是强调教师要为学生的游戏化学习提供学习保障，包括游戏道具的提供与更新、游戏规则的维护与坚持、学习资料的准备与更新等。要当好“后勤部长”，就要及时了解学生所需，公平地对待游戏化学习中的每一位学生，不因成绩高低而区别对待。

3. 担任“顾问”

在游戏化学习中，教师不单单是知识技能的顾问，还要努力成为游戏知识及操作的专家。担任学生学习的顾问，为学生在游戏化学习中所需的学科知识、问题解决技巧及游戏的操作技能提供及时的指导和帮助，这对很多教师来说，都是比较困难的，因为有的教师可能不会玩游戏，不知道游戏的精髓。一旦遇到这种情况，可以让对游戏比较精通的学生担任同伴的顾问，发挥他们的影响力，为其他学生提供指导和帮助。

4. 成为“伙伴”

“伙伴”角色的定位真正实现了教与学同等地位的转变，做到了教学相长。在游戏化学习中，尤其是在一些综合类游戏应用时，学生希望老师能够与之一起学习，共同去完成游戏任务或学习任务。一位好的“伙伴”应该共患难，同进退。如果你能在课堂中分享你的游戏所得，对学生来说，这不仅仅是讲解，更多的是获得情感上的共鸣，你也能更真实地理解学生的感受。

在进行游戏化学习时，为学生提供的不仅仅是游戏，还有配套的支持。细心的读者可能已经发现，游戏进学校并不是简单地把游戏扔给学生，而是打造了一种“游戏+”的概念，如图 8-7 所示。

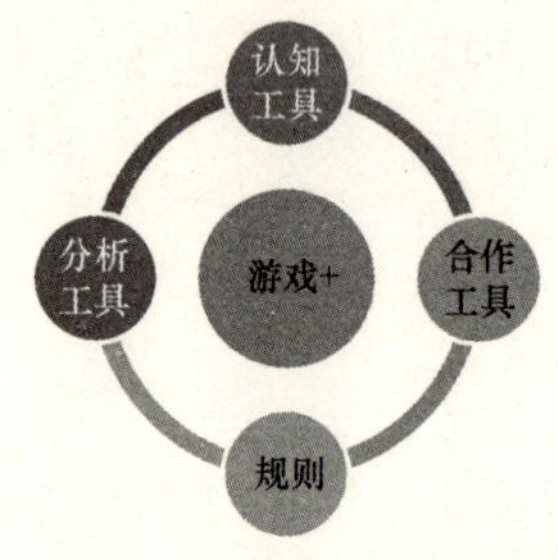

图 8-7 “游戏+”模型图

在图 8-7 中，除了游戏本身之外，还要注意为学生提供认知工具、合作工具、分析工具和规则。

① 认知工具包括一些解释性的图表、工具性的软件、思维整理软件等，帮助学生理解游戏本身，学习与游戏相关的知识，了解解决游戏问题、完成学习任务的技巧等。

② 合作工具主要是指在游戏外的线上或线下合作学习的工具，如小组任务分配表格、网上讨论与共享论坛等，方便学生进行小组学习。

③ 分析工具指的是帮助学生对游戏内外数据进行分析整理的工具，如一些统计分析的软件，以及常见的数据分析技巧等。

④ 规则主要是指游戏外的与学习有关的规则，如要求学生对游戏过程进行记录，撰写游戏心得，完成学习报告等。

总之，“游戏+”的目的在于弥补只是靠游戏来学习的不足，帮助老师来保证学习的效果。

延伸阅读

游戏如何拯救我的数学课堂

鬼佬（Gwailo）是美国一位教数学和科学课的老师，他在课上引入了游戏设计和基础编程，鼓励自己的学生参加与游戏相关的竞赛，这与众不同的教学方法给学生们带来了全新的体验，也给这些来自经济拮据家庭的孩子们带来了一个通过实际接触，感受来自科技的魅力的机会。

来一起听听鬼佬的故事吧！

我叫鬼佬，在很小的时候，就同游戏结下了不解之缘。我的父母都爱玩游戏，记得以前家里买了一个 Atari 2600，三口之家每个人在玩的时候都格外爱惜，像是要举行个神圣仪式一样。我的爸爸是个警察，那时他每天都要工作到深夜，第二天白天才能回家。那时我会坐在他的腿上看他玩《直升机》（*Chopper Command*）和《运河大战》（*River Raid*），想着哪一天自己也能玩玩就好了。

妈妈是在爸爸去工作的时间玩游戏，她似乎更喜欢《太空入侵者》（*Space Invaders*），哪怕是现在已经到了 60 岁，哪怕家里已经有了新的游戏机，她还是会拿出 Atari 2600 来玩。在我 6 岁的时候，我得到了这个游戏机的所有权，第一次亲自玩了《丛林冒险》（*Pitfall*），直到现在，它都能在我心目中最爱作品前五名榜上有名。之后，比如《月球刑警》（*Moon Patrol*）这类游戏，真是令我着魔。

我们家里并不富裕，所以游戏机的更新换代不会太快。在 12 岁的时候，我拥有了游戏机（game boy）马里奥叔叔令我眼前一亮。现在到了 30 岁，每次回想起那段时光，我还是激动不已。

现在我在休斯敦东区一所普通学校教书，主要是教数学和科学这类课程。这个片区的家庭都属于低收入阶层，孩子们平时不能受到良好的教育，也没有一个相对有保障的生活环境。我想起我还是孩子的时候，学习还不坏，我也不觉得上学有多讨厌，只是觉得在校的时间很漫长，十分无聊。总之，在学校里我都是靠马里奥叔叔和《星球大战》的小画书来打发时间的，也没有人来管我。直到我当了老师之后才意识到这个问题的严重性，希望能做出一些改变。

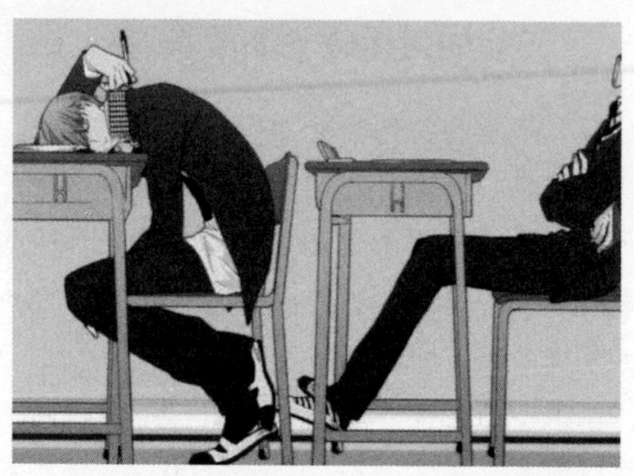

原来课上的情况，我也不喜欢维持纪律

我在学校里办了一个游戏俱乐部，那间教室总是挤满了人。这个俱乐部的存在让孩子们渐渐愿意保持出勤率，也乐意来学习，这时我就考虑：是不是在学校允许的情况下，把游戏带进我自己的课堂？就这样，在两年之前，我便开始尝试着教孩子们关于游戏设计方面的小知识，在此之前我做了个问卷调查，想了解一下孩子们都在关注什么，了解到孩子们还都挺感兴趣的。

我们也进行过一些实践，让这些90后的孩子爱上科学和编程。我一直觉得让孩子们不断涉猎一些新的领域是有必要的。其中，我发现了两个孩子，他们非常有天分，玩万智牌（*Magic：the Gathering*）是一把好手，我准备带他们一起去参加这类比赛来锻炼一下他们。我自己有时也会给予孩子们一些奖励。

接下来，我希望能让我的游戏课堂更上一个台阶。我有一群很要好的朋友，我们一起开发一些项目，如RPG类游戏。我希望孩子们也能参与进来，不管是试玩游戏，能让开发者获得一些青少年玩家试玩的数据，还是在合适的时候加入到我们的团队中来，都可以，我觉得这才是数学和科学这类课程真正的教法。

现在课上的气氛变好了，和学生的关系也不错

现在接触游戏的孩子越来越多，我们作为老师应该以他们喜欢的方式来传道授业解惑，而不是强迫他们学习。帮助他们找到自己的定位，这是我们教书匠的分内之事。

对于我的这种教学方式，（听到有些传言）有些人很难接受，觉得没有章法还无视了纪律，之前我也当过兵，纪律是死的可人是活的，我不愿意把大家禁锢起来，会一直尊重学生们的选择。

——摘编自触乐《一位数学老师：游戏如何拯救我的课堂》

第九章
和孩子一起出发

“幸福的家庭个个相似，不幸的家庭各有不同。”游戏本身是令人幸福快乐的，但是因为游戏而不幸福不快乐的家庭也随处可见。面对游戏的孩子，作为父母，你是否束手无策？

一、游戏再认识

还记得在第三章中，我们介绍的游戏如何让视力不受损害并且提高注意力水平的脑科学研究吗？或许你已经为实验室得出的这两条结论而感到惊讶。这里再给你介绍几条，希望能够彻底颠覆你对“游戏”的“成见”。

1. 游戏能够阻止战争？

游戏通常被认为有宣传暴力的倾向。认为“暴力游戏会导致暴力行为”的观点，主要来自通用攻击模型（general aggression model）这一理论框架——与暴力画面接触越多，就有越多攻击性想法，因此增加了现实中的攻击性认知、情感和行为。

然而，牛津大学互联网研究中心的研究团队通过调查发现，青少年玩暴力游戏与其暴力行为没有显著相关性[①]。心理学实验发现，许多人的暴力行为并非缘于攻击性认知，而是他们缺少最基本的自控能力。

奥林匹克运动会通常被认为是终止战争的一种方式。该盛会促使来自不同文化背景的人汇集一堂，相互学习。和其他媒介不同，游戏让不同国家、不同政治体制、不同宗教信仰的人共同参与并体验。不是因为他们是精英，不是因为他们是观众，而是因为他们唯有共同协作才能解决问题。共同协作的机会越多，我们就越懂得如何和平共处。

① PRZYBYLSKI, WEINSTEIN. Violent video game engagement is not associated with adolescents' aggressive behaviour: evidence from a registered report. [R]. http://dx.doi.org/10.1098/rsos.171474.

2. 游戏让人更孤独？

有人认为，游戏会让人感到孤独，甚至让人丧失社交的机能。然而，多人游戏模式要求玩家按照军队或公司方式协调活动。而且事实证明，人们从游戏中获得的社交和管理技能对现实生活帮助很大。普林斯基曾研究儿童如何在多人游戏中学会合作。其分析得到麦克阿瑟基金会研究（如青少年视频游戏玩家的社会和市民活动兴趣度调查）结果的验证：

> 人们普遍认为玩视频游戏的青少年与社会隔绝，且通常具有反社会心理，我们的研究结果同大众观念相左。也没有任何证据证明使用网络的青少年更少参与市民活动。相反，研究表明，参与游戏市民活动的青少年更容易对实际市民活动感兴趣。

《星战前夜：克隆崛起》（*Eve Online*）是玩家能够从中收获真实经济和商业技能的游戏，尼克·伊（Nick Yee）发现，体验过 MMORPG 的年轻玩家更能够从容应对面对面的交流。《星战前夜：克隆崛起》界面如图 9－1 所示。

图 9－1 《星战前夜：克隆崛起》界面

3. 玩物丧志？

2011 年，一款名叫 *Foldit* 的实验性蛋白质折叠电子游戏曾引发一场轰动。通过这款游戏，一个困扰科学界十几年之久的谜题在短短 3 周内就被解开。长期以来，科学家们一直在试图破解猴子逆转录酶的结构。因为这种酶是艾滋病毒在活体细胞中繁殖自己的关键。了解它的结构有助于研制对抗艾滋病毒的药物。

这款蛋白质折叠电子游戏由华盛顿大学的计算机科学家开发，吸引了全世界数以万计的玩家竞相操作蛋白质构造，以此累积分数和排名。尽管绝大部分玩家甚至没有任何生物化学背景，但这种方法却真的奏效了。这些结果显示，将电脑游戏与真实世界的科研相结合潜力无限①。

二、还孩子一个快乐的童年

作为成年人，我们经常会阻止儿童玩游戏，担心一些游戏中的不良因素会影响到儿童。在本书的前面部分，你或许已经逐步接受广大网民玩游戏的现实，据《2013 年中国游戏产业调查报告》显示，在玩游戏的人中，年龄在 20～29 岁的人最多，占到了 42.3%，而 19 岁以下的青少年只占 24.5%，可见，成年人才是玩游戏的主体。

“己所不欲，勿施于人。”当你无法遏止自己玩游戏的欲望时，也希望你能够还孩子一个快乐的童年。

童年时光是一生中最快乐的时光，不用担心饮食起居，不用忧虑工作和事业，连在幼儿园的学习也都是游戏。我国著名学前教育家陈鹤琴先生曾说过：“小孩子是生来好动的，是以游戏为生命的。”孩子们就是在游戏中，在

① 沃顿知识在线. 游戏化：快乐工作还是玩物丧志？［EB/OL］（2014－03－04）［2018－07－25］. http://www. ceconline. com/hr/ma/8800069793/01/.

玩中，一天天长大和进步的。

游戏在幼儿园被纳入教学活动的范畴，以幼儿的主动学习和主体性发展为主要特征，是体现生动活泼、积极主动、兴趣与能力并重的具有时代特色的教学活动。《学前教育指导纲要》还规定，教师要善于发现幼儿感兴趣的游戏所蕴含的教育价值。

一二三四五，
上山打老虎。
老虎打不到，
碰见小松鼠。
松鼠有几只，
一二三四五。

这是我在刚进幼儿园的时候，老师教给我们的儿歌。在这首儿歌中蕴含了最简单的数数，即数 1 到 5 的数字。老师教的时候，一边说，一边比画，还点着我们数，我印象非常深刻。当天晚上到家后，我就表演给妈妈看。“儿歌”是一种文化形式，吟诵儿歌时，知识记忆也就发生了。

实际上，游戏是幼儿学习算术、语言，构建对整个世界认知的主要方式，也是锻炼幼儿身体、使其社会化的有效手段。儿童在幼年生活中，不是靠“观察”“理解”“实验”来学习的。他们是经由游戏而形成学习经验来建构这个世界的。游戏在婴幼儿身上的作用，比在任何其他年龄的人身上都要明显。但是，幼儿的游戏常常被家长忽略，家长的一些不当行为，打击了幼儿的积极性。

延伸阅读

你有如下三种情况吗？

1.“看我”：伤害孩子的专注力与兴趣

婴幼儿是自主的学习者，而这种“看我”的教学方法往往是父母或照

顾者所采用的，他们在儿童积极投入的事情上硬是加上一个不同的活动。为了讲求效果，父母对孩子说："不要管你在做什么，看我就对了。"儿童从这样的教学中学到的是：他自己的学习并不被他所依附的那些人重视。

我们要支持和鼓励幼儿从事自主的活动，即使那些活动在我们大人看来毫无意义，但对孩子来说，它们可能都相当有用。这些活动不是随便出现的，它们的模式和结构与这个孩子的智力水平相一致。允许孩子有时间自由完成这些活动，让他获得自我的满足，以培养他的专注能力。

2."小海绵"教学法：忽略孩子与成年人的差异

在"小海绵"教学法之下，潜藏着儿童和成人的学习方式与学习速度相同的想法。婴儿或许可以开始认识重力，但是他远远不像我们那样有物理知识来理解这个概念。对于绝大多数成年人来说，他们是用更复杂的方式在思考，这就很难（要不然就是不可能）去想象婴幼儿看到和听到的世界。婴幼儿思维的抽象层次和复杂程度比较低，要花比大人更多的时间来消化信息。婴幼儿四处闲逛，是因为他们正用眼睛和耳朵新奇地观看这个世界。许多我们认为理所当然或再也不感兴趣的事，都会让婴幼儿大开眼界，兴奋不已。

3."仔细看"教学法：干扰孩子的自主学习

这个世界看起来明明就是这样存在着，与我们的心智过程似乎毫无干系，所以我们很难正视到婴幼儿是一五一十地照他们实际所见在看世界，和我们大人所见不同。儿童没有看到我们大人看到的东西时，我们或许会以为是他们看得不够仔细，如果他们再仔细看的话就会明白。这种情况就好比我们面对某个不懂英文的人，试着把话说得更大声，以为说得更大声，他就会懂一样。

许多婴幼儿面对计算机游戏和教学录像带时，他们不确定他们该看什么或为了什么而看。这种"仔细看"的教学法对较大的孩子来说是很糟糕的教学法，对婴幼儿尤其有害，因为婴幼儿是从他们必须学习的东西来认识自己的，他们注定要去学习基本的适应技能和生存所需的概念。绝大多数婴幼儿都很敏锐地忽视或抗拒这些对于自主学习的干扰，如果大人在这种"仔细看"的做法上太过强势，婴幼儿就有可能受挫并放弃学习。

语言游戏是幼儿接触较早的游戏。让幼儿按照一定规则练习口头语言的游戏，能培养幼儿在口语交往中迅速、机智、灵活地倾听和表达的能力。

“绕口令”是语言游戏中的一种，主要作用是帮助幼儿练习正确地发音，提高幼儿的辨音能力。它把若干双声、叠韵词语或发音相同、相近的字词有意集中在一起，组成简单、有趣的语韵，要求快速念出，读起来使人感到节奏感强，妙趣横生。比如，“小花鼓”这个绕口令：

小　花　鼓

一面小花鼓，
鼓上画老虎。
宝宝敲敲鼓，
妈妈拿布补。
不知是布补虎，
还是布补鼓。

这个绕口令主要练习鼓、布、补、虎的发音。幼儿在读这个绕口令时，还可以加上敲鼓的动作。

游戏也是幼儿奠定算术能力的基础性活动。推理能力是计算、遵守规则的前提，但儿童的推理能力需要到六七岁时才能够形成。绕口令“小花鼓”，儿童在三四岁的时候就可以背会，但是他可能并不知晓“补鼓”与“补虎”有什么区别，甚至不知道为什么要补。

一个俄罗斯小孩到遥远的北方区旅行，那里的夏天几乎整夜都有阳光，于是他央求说：“妈妈，拜托把太阳关掉，我要睡觉了。”这样的思考形式不具备任何概念化的程度，所有的事情都是在同一个平面上的，说明语言表达和推理能力的发展并不一致，就像这个幼儿的话中，“动词在名词前”这一动宾短语成立，但并不符合逻辑。从这个角度来说，对过小的幼儿教授一些规则、推理和计算，才是真正意义上的“早熟”。

一些掌控类游戏对儿童的推理能力形成很有帮助，比如玩一些敲击类的玩具。婴儿对可敲打的东西非常感兴趣，这也是他们学习将物体概念化的方式。

拿摇铃玩具给 6 个月大的婴儿，他会用它来敲餐盘。把摇铃换成木汤匙，

木汤匙很快就会变成一个可以拿来敲的东西。给小孩儿一只泰迪熊，泰迪熊也会被拿去敲击餐盘。现在这个小孩儿知道，有些东西你用力敲它不会发出很大的声音，但是所有的东西都可以用来敲打。

在推理能力逐渐形成的同时，幼儿也在游戏中建立了物体“长存”的表征。“躲猫猫”这类游戏即如此。我们看着小宝宝，然后把自己的脸遮起来不让他看见，好让孩子建构出消失物体的心理表征。

让孩子走走跑跑的体育游戏不仅仅是锻炼孩子的筋骨，让孩子唱唱跳跳的音乐游戏也不仅仅是进行艺术的熏陶。这些活动性的游戏，不但培养了孩子的活泼、勇敢、坚毅和关心集体的个性品质，而且有助于孩子神经系统和大脑的发育，从而促使其智力的发展，还有利于孩子感觉统合能力的增强，从而避免因感觉统合失调而造成孩子注意力不集中、写字等精细运动不协调等学习困难。

伴随着身体运动的游戏活动是幼儿园教师组织得最多的教学行为。我们常常在一所幼儿园的外面，看见老师带领幼儿们在做游戏，比如说“老鹰抓小鸡”，挑选出一位幼儿扮演老鹰，老师自己扮演母鸡，保护牵在身后的一群由幼儿扮演的小鸡。老鹰要奔跑，绕过母鸡抓到小鸡，小鸡要避免被老鹰抓到，还要紧紧抓住前一位的“尾巴”以防掉队。这个游戏非常简单，以角色扮演的形式组织一场持久的跑步运动，通常在玩游戏时，能够听到幼儿们爽朗的笑声，以及被抓住时的惊呼声。

传统游戏在幼儿园教育中占有较大比例，随着技术的普及与发展，很多幼儿在较小的时候便能够接触到电子游戏，比如说在平板电脑上可以玩很多教育类的 App（移动应用），建议如下。

1. 根据孩子的年龄选择适合的 App

对于 0～3 岁的孩子来讲，可以看一些图画、点卡类的软件，再大一点可以玩一些简单的游戏，如音乐、学说话、涂鸦、讲故事等；3 岁以后可以玩一些训练思维与观察力的小游戏，当然，这个年龄段的孩子也会很喜欢涂鸦、听故事；随着年龄的增长，学习内容可以更深入，游戏难度可以更高。最重要的还是根据孩子的喜好进行选择，多听听他们的想法，家长的意愿有时候并不能代替孩子的意愿。

2. 孩子使用 App 后多与他交流

与孩子达成学习共识，包括使用 App 学习的时间、学习的内容，控制电子游戏的使用。应提醒孩子休息，提醒他注意保护视力。孩子学习完后，应鼓励孩子多说，多与孩子交流学习收获。

3. 为孩子制定玩乐时间表

控制游戏时间非常重要，这也是一个与孩子制定游戏规则、建立良好沟通方式的好机会。例如，玩游戏之前要把游戏规则制定好，确定可以玩多长时间、什么时间可以玩一会儿等。当然，任何电子产品都不是万能的，我们更加鼓励孩子走出家门，与小朋友一起游玩，家长要多多提供孩子与人交流沟通的机会。

三、慧眼才能识珍珠

读到这里，想必你一定想试试游戏，但是游戏这么多，质量参差不齐，该如何从中进行选择呢？

首先，让我们了解一下游戏的分类。

从媒体传播的角度，游戏可以很简单地被分成电子游戏和非电子游戏两类，如生活中的棋类、麻将就是非电子游戏。但是，我们处在一个信息时代，现实生活中的绝大多数游戏都被电子化了，似乎就只有体育运动这一项游戏还没有被电子化。体育运动也是游戏的一种，如果你忘记了，请回看第一章。除了体力竞争类的游戏外，其他游戏，如麻将、桌游都被电子化了，连一些

竞技类的体育游戏（如桌球、乒乓球等）也能找到电子版本。因此，单从电子和非电子的角度去了解游戏的类别很有难度。

从传播媒体的角度，似乎可以有一个分类，也是大家所熟悉的，就是单机游戏和网络游戏。单机游戏就是不联网的游戏，如早期的《仙剑奇侠传》《红警》，人只能跟机器进行战斗，机器上只要装上客户端就可以了。网络游戏就是需要联网才能玩的游戏，如《魔兽世界》。介于单机游戏和网络游戏之间的是局域网可玩的游戏，如《魔兽争霸》，既可以单机玩，人与机器斗，也可以在局域网内玩，人与人斗。

如果按照游戏的承载形式（设备）来分的话，电子游戏又可以分为手机游戏、台式机游戏、平板电脑游戏、手持式游戏机游戏、电视主机游戏。手机游戏顾名思义就是在手机上玩的游戏。近年来随着智能终端的普及，手机游戏的市场占有量越来越高，玩手机游戏的人也越来越多。据 CNNIC 的调查，青少年学生总体上玩手机游戏的占 62.5%，超过其他所有游戏设备的数量（台式机是 60.5%，平板电脑是 25.1%，手持式游戏机是 10.4%，电视游戏主机是 6.2%）[①]。

《中国游戏产业调查报告》是在出版行政主管部门的支持下，由中国版协游戏工委主导开展的面向全国的游戏产业调查报告，其专业性和权威性得到广泛认可，成为中国游戏产业蓝皮书。其报告中主要将游戏分成网络游戏和单机游戏[②]。网络游戏又称在线游戏（online game），通常以台式机、平板电脑、智能手机等载体为游戏平台，以游戏运营商服务器为处理器，以互联网为数据传输媒介，必须通过广域网网络传输形式（Internet、移动互联网、广电网等）实现多个用户同时参与的游戏产品，以通过对于游戏中人物角色或者场景的操作实现娱乐、交流为目的的游戏方式，具有可持续性的个体性多人在线游戏。网络游戏又包含客户端网络游戏、网页游戏、社交游戏。单机游戏是以独立的个人电脑（PC）软硬件设备为依托，主要供单人或利用网络 IPX/SPX 协议供有限数量的用户在局域网中玩的游戏。按照游戏内容

① CNNIC. 2014 年中国青少年上网行为研究报告［EB/OL］（2015－03－05）［2018－05－20］. http://www.cnnic. net. cn.

② 中国音数协游戏工委，伽马数据. 2014 年中国游戏产业报告（市场版）［EB/OL］（2015－04－29）［2018－06－30］. http://news. d. cn/news/view－15209. html.

的不同，单机游戏可以分为动作、角色扮演、第一人称射击、冒险、策略及运动等类型。

从上文可以看出，不管是从是否电子化，是否需要网络，还是从用何种游戏设备来分类，似乎都会存在交叉现象。比如说，移动网络游戏就是在移动终端玩的游戏，PC 单机游戏就是不需要网络在 PC 上玩的游戏。尽管存在交叉，但是似乎还意犹未尽，因为这些分类的描述都没有涉及游戏本身，而仅仅谈论了游戏之外的东西。

那如果从游戏本身来说，游戏可以分成哪几类呢？

1. 角色扮演类游戏（role playing games，RPG）

RPG 游戏起源于纸上的角色扮演游戏，如桌游，玩家就是以某个角色的身份进入游戏的。这种游戏通常会模拟一个虚拟的世界，在其中，玩家会扮演一个角色，通过打怪或战斗等活动不断升级，来体会游戏的乐趣。RPG 游戏所构造的情感世界是所有类型的游戏中最为强烈的，能给玩家带来最深刻的体验，因此，也是目前最流行和最受欢迎的网络游戏。

RPG 游戏的代表作有《最终幻想》(*Final Fantasy*)和《柏德之门》(*Baldurs Gate*)。近年来，亚洲市场上也出现了大量的角色扮演类游戏，如《三国志》《传奇》《大话西游》《仙剑奇侠传》《金庸群侠传》等。

随着 Internet 的普及，现在很多 RPG 游戏动辄有几十万人同时在线，也有人将其称为 MMORPG。在这类游戏中，虽然故事性仍然很重要，但是人与人之间的互动（interaction）显得越来越重要，游戏也越来越像一个网上虚拟社区。

2. 动作类游戏（action games，ACT）

ACT 游戏一度是最简单也最流行的游戏，尤其是在过去的电子游戏中，ACT 游戏始终是游戏的主角。这类游戏不像 RPG 游戏一样有复杂的故事情节，玩家一般通过射击、格斗或魔法和怪物或其他玩家搏斗，闯过一系列的关卡，最终战胜对手。

ACT 游戏的代表作有《战栗时空》(*Counter Strike*)、《半条命》等。

3. 策略类游戏（strategy games，STA）

STA 游戏是一种让游戏者通过使用策略来战胜对手的游戏类型。在这类游戏中，强调的是使用策略而不是快速的动作和迅速的反应。

STA 游戏又分为 TBS（turn-based strategy game，回合制策略游戏）和 RTS（real-time strategy game，实时策略游戏）两种。

在 TBS 中，游戏者需要交互采取行动，代表作有《大富翁》和《魔法门英雄传说》（*Heroes of Might and Magic*）系列。

在 RTS 中，敌我双方都在同时采取行动，代表作有《沙丘 2》（*Dune 2*）、《命令与征服》（*Command & Conquer*）、《魔兽争霸》（*Warcraft*）和《帝国时代》（*Age of Empires*）等。

4. 模拟游戏（simulation games，SIM）

SIM 游戏是指给游戏者提供一个仿真的物体或环境，让游戏者可以在其中模仿生活中真实的行为，如驾驶飞机或管理企业等。

SIM 游戏起源于仿真飞行器系统，随之衍生到汽车、轮船、火车等各种物体上。随着时代的发展，SIM 游戏越来越不满足于仿真一个简单的物体，而是开始向仿真更多、更复杂的对象发展，如仿真一个动物园，模拟一个城市等，这方面的代表作有《模拟城市》（*Sim City*），同时，并不局限于仿真物体，开始向仿真经营，模拟决策，模拟管理，模拟人生等发展，这方面的代表作如《模拟人生》（*The Sims*）。

不过，SIM 游戏与 RPG、STA 等其他类型游戏之间的界限越来越模糊，比如对于《三国志》这样的游戏，你就很难说清楚它是一个角色扮演游戏，还是策略游戏，或是模拟游戏。对于现在非常流行的 MMORPG 游戏《传奇》（*MU*），从另外一个角度来看，它也可以看作是在模拟一个虚拟世界。

5. 冒险类游戏（adventure games，AVG）

AVG 游戏指的是一种游戏者在充满了悬念的故事情节的指引下，一步步探索游戏中的未知世界，在探索过程中合理地使用道具，解开各种谜题，最终破解整个故事的秘密的游戏。有人认为 AVG 游戏有些类似于 RPG 游戏。它们确实有相似性，都有故事情节，也都要扮演一个角色。不过 AVG 游戏一般没有 RPG 游戏中人物升级系统，而且 AVG 游戏更注重故事的流畅性和悬念。“故事”“冒险”“解谜”是 AVG 游戏的重要特点。AVG 游戏的代表作有《古墓丽影》(*Tomb Raider*)。

6. 体育类游戏（sport games，SPG）

SPG 游戏指的是赛车、足球、篮球等游戏，也包括棋类、纸牌等游戏。

早期的 SPG 游戏比较专注于体育活动的特性，而现在的 SPG 游戏也有和其他类型游戏融合的特点。例如，在足球游戏中，既有场上比赛的运动成分，也有购买、出售球员的管理策略成分。

7. 小游戏（mini-game）

除了以上 6 类游戏以外，还有一些制作比较简单、体积比较小的游戏，这类小游戏或许是单人进行的，或许是少数几个人一起玩的，不过这类小游戏一般比较注重考验玩家的观察、思考与逻辑判断能力，因此有的网站也将其命名为益智类小游戏。

这类小游戏过去比较经典的有《俄罗斯方块》和《挖地雷》等，目前市场上流行的有《连连看》和《翻翻看》。

当然，以上只是一些主要的游戏类型，由于游戏的不断衍生和融合，还有很多新的类型无法一一描述。另外要说明的是，由于过去的分类研究大多是针对单机游戏进行的，当网络游戏流行起来后，网络游戏的分类基本上是参照单机游戏的分类方式。其实两者没有本质的不同，网络游戏只是在单机

游戏的基础上增加了网络的因素，可以实现人与人之间的交流而已。

知道了游戏的分类，相当于知道了游戏的一些基础知识，那如何选择游戏呢？在第八章中已经告诉大家如何选择游戏。与选择游戏相比，你更需要知道的是选游戏、玩游戏，男女真的有别。

你知道为什么女性对消除类的游戏有那么大的热情吗？

消除类游戏的核心在于匹配识别，这是一种对生存来说很重要的技能，这与古代以来的男女分工有关。女性大部分会留守做整理类工作，如谷物分类（消除类游戏其实很像分豆子……）、纺线、结网等。因此，识别、重复性操作、每一步都有小的奖励积累会更吸引她们。相较之下，男性从事的劳作内容都与狩猎相关，核心在于追逐，瞄准，战斗。简单说，女性在传统的社会分工中一直从事着辅助性的劳动，相较于男性来说，其实际操作较简单，而男性更喜欢复杂的更具有挑战性的劳动。影射到游戏中，女性玩家会倾向于选择操作较简单的游戏，而男性玩家更关注 PK 系统这样一些具有挑战性的游戏因素①。

另外，女性玩家的游戏选择具有被动性，经过朋友介绍而选择游戏的较多。她们也注重游戏的画面、画质、人物外观、风景和游戏风格，游戏需要符合她们的审美才能吸引她们。而男性玩家选择游戏的时候更多的是主动地去寻找游戏，他们会从游戏的宣传广告来评判游戏的品质，而更注重的是游戏的现实感和 PK 系统，激情的游戏 PK 和较强的现实感更能吸引男性玩家。

在游戏中，女性玩家除了完成任务外，更偏向于休闲和社交，比如看风景，聊天，刷副本，练生活技能等。男性玩家在游戏中，完成任务之外，更喜欢 PK，与其他玩家交流操作手法，或者从事一些经济交易活动。男女生游戏的三大差别如图 9－2 所示。

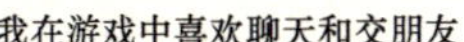

图 9－2　男女生游戏的三大差别

① 鲁莎. 基于性别视角的网络游戏玩家行为参与研究［D］. 长沙：中南大学，2013.

综合游戏类型和性别等因素，相信你对如何选择游戏有了进一步的了解。为了方便大家选择游戏，北京大学教育游戏研究团队开发了妈妈游戏（Mamagame）推荐网站（mamagame.pku.edu.cn），网站上推荐了一些由研究团队根据游戏性和教育性主要原则进行评估后通过的游戏，目的在于遴选一些优质的游戏，为广大家长提供参考。

延伸阅读

Mamagame

作为一个公益性质的项目，Mamagame 项目源于北京大学教育游戏研究团队的研究实践。当年，初为人父的负责人尚俊杰博士看着日渐长大的女儿，究竟让不让女儿玩游戏，让女儿玩什么游戏，这两个问题摆在他的面前。作为研究教育游戏若干年的人员，他也想知道这些问题的答案。于是，他提出建立一个游戏推荐网站，推荐“让妈妈放心的游戏”，团队成员一拍即合，就开发了网站，并取名 Mamagame（妈妈游戏）。

为了选择游戏，团队又专门研究了国内外评价游戏的一些方法，建立了一套评估游戏的准则，当然这个准则比较粗略，正在逐步完善。团队根据这些准则，对现在网上流行的游戏进行评估，将得到较高分数的游戏推荐出来，并提出玩游戏的建议。目前，Mamagame 上已经推荐了数十款游戏，同时面向企业和社会人士开放。

如果你在生活中玩到觉得很好的游戏，也欢迎向该网站上推荐；如果企业开发了觉得是对学生有益的游戏，也可以与网站的联系人联系。

Mamagame 还开通了微信公众号，欢迎大家关注！

四、提防游戏成瘾

你还记得“谁来救救我的孩子”这个故事吗？在第三章中我们看到了网络游戏成瘾给青少年带来的危害。在现实生活中，推广游戏最大的阻力也在于此，家长担心游戏中的不良因素教坏了青少年，也担心如果孩子沉溺于游戏，会对学业、生活和社交带来不良影响。

有研究表明，网络游戏成瘾可能会带来家庭问题、学业问题、职业问题、生理健康受损和心理健康危机等[①]。

现在，我们就一起来面对这个问题。

关于网络游戏成瘾，2007 年美国医学会（The American Medical Association，AMA）和美国精神病协会（The American Psychiatric Association，APA）将视频游戏成瘾归入了正式的疾病，考虑将其归入“行为成瘾”的类别中。

2013 年，北京军区总医院医学成瘾科、中国青少年心理成长基地制定了《网络成瘾临床诊断标准》，其中的游戏成瘾标准纳入正式出版的 DSM－5 诊断与统计手册中[②]。

① 渴求症状（对网络使用有强烈的渴求或冲动感）；

② 戒断症状（易怒、焦虑和悲伤等）；

③ 耐受性（为达到满足感而不断增加使用网络的时间和投入的程度）；

④ 难以停止上网；

⑤ 因游戏而减少了其他兴趣；

⑥ 即使知道后果仍过度游戏；

---

① 邓鹏. 游戏成瘾机理及其在娱教设计中的应用［D］. 上海：华东师范大学，2007.

② 中国青年网. 中国网络游戏成瘾标准首次成为世界诊断标准［DB/OL］（2013－05－18）［2018－07－30］. http://news. youth. cn/wztt/201305/t20130518_3245049. htm.

⑦ 向他人隐瞒玩游戏的时间和费用；

⑧ 用游戏来回避现实或缓解负性情绪；

⑨ 玩游戏危害到或失去了友谊、工作、教育或就业机会。

当然，这只是一个标准，仅供你在判断是否存在游戏成瘾现象时参考。我们也知道，任何一种习惯的养成不是一蹴而就的，如果遇到有网络游戏成瘾或者有成瘾倾向的孩子，那该如何做呢?

在寻求方案之前，再来看看网络游戏成瘾的原因及过程。

1. 游戏本身的吸引力巨大

网络游戏玩家在玩的过程中，获得越多的最佳体验状态，就越容易被吸引，就越有可能重复这种体验，从而更易成为成瘾者[①]。

2. 家庭教育方面的原因

陶宏开教授是国内第一个向网瘾宣战的学者，他的主要观点就是孩子网络成瘾，父母之过最大。在家庭环境中，孩子长期处于弱势地位，缺乏与父母平等交流的机会。当产生某种学业或生活方面的危机或障碍时，在家庭成员之间和师生之间如果缺乏有效的沟通（例如，家长和教师往往简单地将问题归罪于网络游戏或情色动漫的泛滥），进而难以形成有效的解决办法，则玩游戏和上网往往成了青少年寻求交流、逃避压力和宣泄情感的最好途径。

有研究指出，错误的家庭教育目标与教养方式、应试教育体制下片面的培养目标都忽视了对学生的价值观教育、人格教育与心理健康教育，也对学生休闲、游戏的愿望进行了长期的压抑[②]。

---

① 秦华，饶培伦，钟昊沁. 网络游戏成瘾的形成因素探析［J］. 中国临床心理学杂志，2007（2）：155－156，160.

② 闫宏微. 大学生网络游戏成瘾问题研究［D］. 南京：南京理工大学，2013.

3. 正规教育中缺乏媒体素养教育的内容

我国现行的教育体制和课程框架缺乏媒体素养教育的内容，尤其是健康上网教育的内容很少。在青少年接触网络的时候，缺乏对正确使用网络和电脑的引导。在一些家庭中，父母玩电脑玩得最多的就是游戏，给孩子造成的一种心理印象是电脑就是大一些的游戏机。在学校体制中，建议开设媒体素养方面的课程。媒体素养教育发端于 20 世纪 30 年代的英国，成长壮大于加拿大、美国、澳大利亚、法国、芬兰、挪威、瑞典、瑞士等其他发达国家，稍后才影响到亚洲的日本等少数国家和地区[①]。媒体素养教育的重点目标就是教会学生如何使用媒体，有效利用媒体来发展自己，而不是成为媒体和技术的奴隶。

4. 社会上的其他原因

（1）国内缺乏对游戏的分级

“18 禁”，对它的含义，游戏玩家们都不陌生，但其实这个“18 禁”在中国并没有明文规定。从目前全球推行游戏分级制度的国家和地区分布图来看，世界上有将近三分之一的地方已经实施了游戏分级制度。虽然近期有关出台游戏分级规定的呼声越来越高，但中国游戏的分级之路仍很漫长。没有分级的话，一款游戏任何年龄的人都可以玩，没有一个能玩不能玩的标准。

（2）相关监管力度不够

国家相关部门关于互联网的有关法规和监审机制的缺失或执行不力，以及监管乏力之下的某些网吧老板“利”字当头的道德缺失，使得网络游戏和网吧良莠不齐、泛滥成灾， 也为遇到学业障碍或其他困难而沉迷于游戏和网络的青少年，提供了获得同侪认同的人际环境和逃避现实压力的物理空间。当然，在网吧这种聚积了众多血气方刚的年轻人而又缺乏合理约束与保障机制的地方所发生的各种暴力，以及其他有损身心健康的极端事例，也进一步加深了人们对于网络游戏成瘾现象的负面印象。

---

① 孙卫国，祝智庭. 媒体素养教育：现代教育新理念：国内外媒体素养教育概览［J］. 电化教育研究，2006（2）：18－23.

5. 性格方面的原因

个体自我认知的特点和成瘾有一定相关性，例如，低自尊和网络成瘾程度成正相关，网络成瘾者大多有较高的感官追求和寻求解脱的倾向，他们常常表现为比较寂寞和害羞，并呈现较多的身体化、强迫性、人际敏感度与焦虑症状。具有孤独、抑郁、内向特质的人更容易游戏或上网成瘾。此外，面对压力的应对方式也与游戏成瘾有关系，采用不成熟的应对方式（如消极、逃避、敌对、退化等）的青少年更容易游戏成瘾，当他们在现实中难以自我实现，或在家庭、学业或职业生活中遇到不顺心的事件时，如果由于内向等原因，获得的社会支持更少，就很自然地乐于在游戏或网络中寻找属于自己的空间和伙伴，以一种较为隐蔽和间接的方式发泄情感，把虚拟世界当成逃避现实的地方。

邓鹏博士基于奥福特提出的影响行为成瘾形成的若干要素，进一步总结出环境（社会和家庭）、客体（游戏）和主体（游戏者）等因素的互动关系对于游戏成瘾形成的影响和决定作用。图 9－3 中的实线箭头表示成瘾要素在各因素间的直接作用关系，数字表示了这种作用的大致顺序；虚线则表示了二者之间存在的一种非直接的，但对游戏成瘾仍具有一定影响的作用关系。

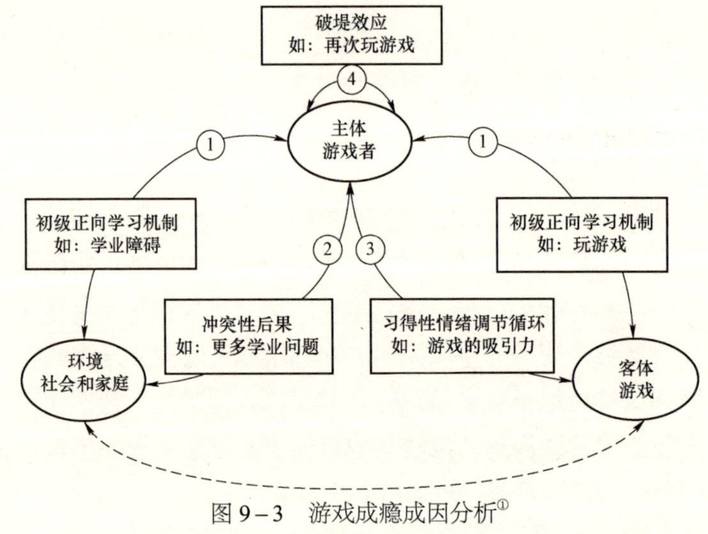

图 9－3　游戏成瘾成因分析[①]

① 邓鹏. 游戏成瘾机理及其在娱教设计中的应用［D］. 上海：华东师范大学，2007.

综上所述，游戏成瘾受到多方面因素的影响，如果某一个个体沉迷其中并由此产生各种恶劣的后果，绝不是由于其中某个单一因素决定的，正所谓冰冻三日非一日之寒。总的来说，来自游戏自身的吸引力为游戏成瘾提供了某种客观性的物质和精神基础，而来自社会和家庭环境的不良影响则可能将这种吸引力在某些个性心理较为独特的个体身上，放大成为某种难以抗拒的独特诱惑或需要，最终导致游戏成瘾。

因此，在对游戏成瘾进行防范或利用的研究时，理应采取多维的取向和多种策略。在上述游戏成瘾的 5 个主要因素中，社会环境和客体这两个人为的因素相对容易影响或控制，而游戏者的个性特点则不易被改变，因此，人们对网络游戏成瘾及其应对策略也大多从这两个角度出发。“控制”或“治疗”电子游戏成瘾并不存在简单的单一的办法。只有所有利益相关者（父母、学校、意见领袖、游戏和技术公司、青少年）之间进行完全、开放的探讨，才能对解决这个困难带来持久的影响。纯粹的“心理健康”观点是不够的，将有关社会、进化、技术、教育及越来越多的政治和哲学因素考虑进去，这才是重点①。

五、不要打扰他

“幸福的家庭个个相似，不幸的家庭各有不同。”这是托尔斯泰的一句名言。幸福的家庭会相似，是因为他们在生活中都找到了游戏、爱和工作的整合之道②。

在启程开始我的演讲旅程之前，我跟儿子安德鲁说，我很担心

① 和风. 游戏成瘾对玩家的负面影响及成因探索［EB/OL］（2013－02－18）［2019－07－05］. http://games.sina.com.cn/o/n/2013－02－18/1132689341.shtml.

② 埃尔金德. 游戏的力量：玩出创造力与竞争力［M］. 胡玉立，译. 重庆：重庆出版社，2011.

他没办法好好睡在自己的床上。他看来明白，在我出门期间，他晚上若能在自己的房里睡觉，他的妈妈娜拉就能有个好睡眠。

我的旅行结束后，娜拉抱着菲欧娜在机场迎接我回家，安德鲁在机场走道上活力十足地奔向我，用尽全身力气大叫："爸爸，好消息，你不在家的时候，没有人和妈妈睡觉！"

这个时候你该怎么反应才好？骂安德鲁吗？还是紧张地环顾四周看看有谁听到他说的话？歇斯底里地大笑？试着向陌生人澄清这突如其来的说法？你如何在拥挤的机场里向 200 个人解释，情况不是他们想的那样？

因为我了解安德鲁正面临转变，也留意到他对自己转变的成果相当自豪。当场，我开怀地笑了起来，把他紧紧拥在怀里，恭喜他成功了。

这位父亲在这种棘手的情况下看到了幽默，让他能够用支持的态度来面对。他不担心别人怎么想，他关心的是强化儿子的成就感，而不是在乎自己尴尬的感受。他把孩子的感受放在最高位，得以避开"自我中心的陷阱"。所有的父母都难免不小心掉入陷阱，完全从自己的角度，未能从孩子的观点来看事情。要避开这种陷阱，就是要觉得这种状况很好笑（游戏），表达出自己对安德鲁的情感并为他开心（爱），并参与儿子的正向社会化过程（工作）。

这个有趣的故事告诉我们，避免落入自我中心陷阱的最好防卫之道，就是拥有嘲笑自己、嘲笑人生种种不当扭曲的能力。轻松愉快地做父母，不只是看到状况里的幽默，也和为人父母时主动运用幽默有关。父母如果能运用幽默来对待孩子，就能把游戏、爱和工作结合在一起。

你还记得第二章中儿童上厕所的例子吗？那也是一个将游戏、爱和工作结合在一起的很好的实例。

延伸阅读

幼儿园老师的游戏、爱和工作整合

一次，老师带孩子们去春游，“动物园”里的“饲养员”向“游客”介绍说，大象最喜欢吃萝卜、白菜、竹笋。在这些时候，小朋友们自然要笑个不停。可是老师不是一笑了之，而是抓住时机，再一次进行指导，并分别布置了“作业”题：

① 请向家里的人询问一下，正常人的体温是多少摄氏度？多少摄氏度以上是发烧？感冒了一般都服用什么药？

② 同爸爸或妈妈去一次菜市场，了解一下常见蔬菜和鱼、肉的价格。

③“六一”去一次动物园，问问饲养员，大象最喜欢吃什么？

老师的要求和扮演角色的孩子的愿望是一致的，所以“作业题”就变成了全体孩子的行动。离校后，星期天他们有去菜市场的，有去卫生所的，有去动物园的，大家都学得很主动，很认真，回校后纷纷向老师和小朋友汇报自己学习的结果。

在此基础上，再组织这类游戏，孩子们的兴趣没有因为重复而降低，反而更积极了。这时，老师因势利导，提高要求，就把游戏带到了另一个层次。

儿童在不同年龄和阶段具有不同的幽默，任何不在儿童预期范围之内的事情，他们都会觉得好笑。例如，成人摔个四脚朝天，儿童会觉得好笑。儿童的预期取决于他们的心智发展。小孩子喜欢把《格列佛游记》当故事看，青少年却视之为讽刺文学。作为父母，要学会用幽默来管教孩子。在儿童游玩的时候，应做好陪伴工作。

娱乐软件协会 2013 年和 Newzoo 公司 2012 年的数据显示，家长陪子女进行游戏的时间正在增长。今天的儿童了解最新的互联网知识，生下来就可以玩 PAD 和手机，家长的网络知识和技术素养也要主动提高，使自己在信息时代不至于落伍。与孩子一起玩游戏能够有更多的共同语言，为进一步的心理沟通和情感交流创造条件。

随着儿童年龄的增长，游戏的方式也应该有一些调整。更大的儿童可以接受适当的引导，在游戏中有意识地接受学习。例如，儿童在游戏过程中可以发挥更多的想象力和创造力，可以将一块积木当成饭碗，当成照相机，也可以在玩《在集市》游戏中设计出各种具体的买卖情节来，在讲故事的过程中独创出新的故事来。

生活的内容是多彩和复杂的，儿童的认识还只是初步的，而且很难一次就记住，因此，难免出现笑话。在遇到这种情况时，只要注意不挫伤他的自尊心，用幽默来管教，不但不会影响预想效果，反而会增强愉快的气氛，使正确的认识得到巩固和加深。

合理引导儿童在游戏中学习，对于儿童的思维发展具有深远的意义。在儿童游戏过程中，可以选取与游戏有关的物品，由此，在儿童的经验中，这些物品得到巩固，也就为儿童的思维提供了材料和工具；游戏为儿童创设了很多不同的情景，在各种情景中会产生各类不同的问题，这为儿童创设了解决问题的情景，提高了儿童解决问题的能力；在智力游戏中进行比赛，提高了儿童思维的速度、灵活程度，促使其思维的智力品质得到了发展。

游戏有利于促进儿童思维概括水平的提高，因为游戏行为是概括的。例如，儿童在游戏里把自己想象为汽车司机，他表现的是司机开汽车的一般活动，同时，只有当他看到自己和司机的共同点时，才能担当起“司机”的角色。

在游戏中，儿童一方面表现周围生活中人物的动作和语言，另一方面也体验着人物对周围环境的感情和态度。例如，儿童扮演“教师”，不仅模仿教师上课，带小朋友做游戏，也模仿教师爱护小朋友的感情和态度等。

在玩电子游戏时，为了弥补学校媒体素养教育的不足，家长还要帮助儿童：

- 了解基础的游戏知识及如何使用游戏；
- 学习判断游戏的意义和价值；
- 学习正确使用游戏的知识和技巧；
- 了解如何有效地利用游戏来调节生活。

家长只有对电子游戏有了充分的了解，才能合理使用它们。家长在自己没有时间充分体验游戏的情况下，至少需要事先详细了解与游戏有关的介绍。具有社会发展功能的游戏对于家庭成员的交流极有益处，况且其对游戏技能的要求并不高。另一个需要特别注意的是电子游戏的认知促进功能。具备此类功能的游戏通常通过虚拟三维空间和大量的注意力分配任务实现相应的功能。3D 类的战争或者动作类游戏，对操作技能有一定要求，但可能存在不适宜未成年人的具有暴力倾向的内容，需要有选择地使用。

无论家长选择什么样的电子游戏，陪伴本身就是有正向意义的行为，而且可以和某些功能产生叠加效果。已有调查表明，能做到陪伴子女游戏的家庭，其子女的学业成绩与心理健康水平都更高。一些游戏在设计的时候就考虑到了这种情况，并预留了相应的游戏机制，更加适合全家人共享。

总之，应通过家长和孩子的共同努力，让游戏成为发展孩子的一种动力，而不是孩子成为游戏的奴隶。热衷游戏是人的天性，儿童在游戏中学习新知识，练习语言表达，发展观察、记忆、注意、思考的能力，使学习潜能得以开发。

“会玩的孩子才会学习，会学习的孩子更会玩。”放手让孩子去游戏，千万不要轻易打断他，而应去陪伴他！引导他！

第十章
游戏化：新的生产力

如今的电子游戏已创造出了庞大的价值，每年全世界的人大约总共要花费 80 亿美元来购买电子游戏中的道具和服务。游戏《安特罗皮亚的世界》（*Entropia Universe*）中的一颗小行星价值 33 万美元。另外，仅仅在一年里，全世界玩接龙游戏的时间累计为 90 亿小时，相当于建设 500 条巴拿马运河的时间[①]，如在《星战前夜：克隆崛起》中，一个宇宙飞船就需要 200 个人 56 天才能建成，不管是玩家的时间投入还是经济投入，玩游戏的行为已经创造出了惊人的生产力。

① 黄永明，王寅. 玩网游也能玩出顶级科学成果［N］. 南方周末，2012-02-19.

一、人人都是产品安全员

2014年并不安全，这里的安全主要是指网络安全。2014年，网络接连出现了好几个能影响数百万设备的漏洞，比如出血漏洞Heartbleed，几乎无法修补的漏洞BadUSB，还有12306网站大量用户信息泄露。

2015年，网上的一则携程数据全被删除的消息又对互联网安全问题敲响了警钟。

实际上，从互联网诞生的那一天起，网络安全问题就一直存在，起初是网络系统的安全问题，比如链接无效，或者系统漏洞造成程序不稳定等。随着网民信息的日夜累积，存放在网络系统里的用户信息又面临泄露的风险。网民常收到一些莫名其妙的骚扰电话，或许就是在某个网站上注册邮箱时留下手机号码，而手机号码被泄露造成的。

为了给客户提供更好的网络安全服务，大型的互联网服务商都非常重视自身系统的安全性，不惜雇用大量的人员来测试或体验新研发系统的安全性和可靠性。如果你做过程序员，或许会知道做测试可能是世界上最无聊的工作之一。你必须盯着一行又一行枯燥无味的代码反复地看，还要时不时地自己注册账号测试或者上传图片测试，看程序运行有没有问题。就算如此，也不排除会出现一些小纰漏，让一些不可原谅的小错误面世。

Google算得上是一家负责任的互联网企业。我们每个人或多或少都在使用Google公司提供的服务，Chrome便是其中的一种。公司没有为这款浏览器配置专门的产品安全人员，为了保障安全，他们所采取的措施是建立一个工作室。在这个工作室里有一些高层的工程师，他们和产品安全工程师坐在一起，在一个房间里，当发现程序漏洞的时候，他们会和产品安全工程师进行对话，探讨一些事情，确保这些漏洞获得追踪。如果这些漏洞获得追踪，他们会和安全团队一起修补这些漏洞[①]。

那么，如何发现程序的漏洞呢？Chrome 号召全世界对产品漏洞感兴趣的人来给他们找漏洞，于 2010 年设立“Chrome 安全奖励计划”。若你找出 Chrome 漏洞，Google 就有重赏。如果找出漏洞并成功找到修复办法，Google 就再追加奖金，除此以外，还会获得 Chromebook 一台。从 2010 年至今，Google 已向各种找到漏洞的人员支付了 400 多万美元[②]，随着漏洞被发现得越来越多，参与的人越来越积极，Google 按照年份的增长适当提高了奖励的额度，比如有网站 2013 年披露：

① 在 https：//accounts.google.com 发现一个跨站点脚本漏洞（XSS），可拿到 7 500 美元，以前是 3 133.70 美元；

② 在 Gmail 和 Google Wallet 上发现 XSS 或其他漏洞，可拿到 7 500 美元，以前是 1 337 美元；

③ 在其他 Google 站点上发现一个漏洞，可拿到 3 114.70 美元，以前是 500 美元；

④ 发现绕过认证和信息泄露的“重大”漏洞，可拿到 7 500 美元，以前平均是 5 000 美元。

Google 推出的部分服务如图 10－1 所示。

在 2015 年，Google 又推出了“安卓安全奖励计划”，与“Chrome 安全奖励计划”同出一辙，鼓励研究人员寻找和发现更多安卓系统上存在的错误和漏洞。如果发现的错误或漏洞属于“中等级别”，谷歌会给予 500 美元奖励，“高级”对应的奖金是 1 000 美元，“高危”则是 2 000 美元。如果研究人员能够提供测试用例，谷歌会在原先奖金的基础上给予额外 50%的奖励。如果能够提供补丁，奖金更会翻倍[③]。

这两个计划是广大程序员的福音，因为他们能通过发现软件漏洞获得一笔不小的收入，这些意外之财不需要投入太多，或许只是起源于一次好奇而

---

① 王然．Google 技术项目经理 Kevin Stadmeyer：Google 漏洞奖励计划经验分享［EB/OL］（2012－12－13）［2018－07－01］．http：//www.csdn.net/article/a/2012－12－13/2812790.

② 书聿．谷歌加大漏洞挖掘奖励：为研究人员预付 3 万美元［EB/OL］（2015－01－31）［2018－07－02］．http：//tech.sina.com.cn/i/2015－01－31/doc－icczmvun5617432.shtml.

③ 汪天盈．谷歌推高额奖励计划：鼓励研究人员发现安卓漏洞［EB/OL］（2015－06－17）［2018－07－17］．http：//tech.163.com/15/0617/00/AS97GJAD000915BF.html.

已，与本身的工作又不冲突，还能够发现乐趣并获得奖励，何乐而不为呢？波兰的一组安全研究员就获得了 Google 公司 5 万美元的奖励，因为他们在 App Engine 服务上发现了一些漏洞①。

图 10－1　Google 推出的部分服务

Google 公司很聪明，如果他们自己建立专门的产品安全部门，他们支付的报酬可能会多很多，并且由于长期从事产品检测，专业人员可能会出现漏洞免疫，或者失误，而通过“奖励计划”，集合了全世界的程序员或者爱好者，他们主动为 Google 的产品找到漏洞，并且提供修复方案，自己也得到了奖励。这真是一个互惠双赢的买卖。

这个奖励计划的机制就是游戏的机制。对漏洞的好奇心是程序员检测漏洞的起源，而 Google 的现金奖励成为这个“找漏洞游戏”的馈赠，及时反馈强化了程序员的行为，由此形成一个正向的积极循环：找茬—提交—获奖。Google 还根据任务难度区分了奖金的数额，给每一位找茬的程序员不断地提供挑战的目标，目标与能力相互耦合，形成了“心流”，让每一位程序员快快乐乐地获得奖赏，同时也解决了 Google 的问题。这种机制通过互联网，即使 Google 没有专门的产品安全人员，但全世界又都是他们的产品安全人员。

根据 2011 年的一项数据，一个普通的电子游戏玩家到 21 岁的时候，在游戏上花费的时间相当于他（她）整个中学阶段的上课时间。将人们投入游

① 张驰. 他们向 Google “找茬”，却获得了 5 万美元［EB/OL］（2015－01－02）［2018－07－17］. http：//www. leiphone. com/news/201501/yJ3CG8V30fdFtV9k. html.

戏中的时间利用起来，让玩家解决的不只是游戏问题，也是现实问题，将会发挥巨大的生产力和创造力。蛋白质折叠游戏——*Foldit* 不失为又一个强证。

2007 年，美国网络筹款活动先驱约翰·布林在联合国世界粮食计划署（World Food Program）的资助下，创建了一款公益性质的网页游戏《免费大米》（*Free Rice*），以英文猜字游戏来募集帮助改善全球饥荒状况的善款。网民每猜中一个生词的意思，该网站就会捐出 10 粒稻米给联合国世界粮食计划署。网站依赖多个广告商负担捐款及营运成本。从 2007 年上线以来，《免费大米》玩家累计捐赠了近 1 000 亿粒大米，足够大约 500 万人口一天的粮食需要。

二、看不见的广告

2008 年 11 月 5 日，美国历史上第一位黑人总统诞生了，他就是来自夏威夷的非洲裔美国人——奥巴马。在这场被《纽约时报》誉为“Web 2.0 时代的美国大选”的竞选大战中，网络对奥巴马而言功不可没，相比竞争对手麦凯恩，奥巴马几乎全方位占领互联网高地。奥巴马竞选团队在总统大选的关键时刻投入 45 000 美元广告费，从 10 月 6 日到 11 月 3 日在 18 款电视游戏中置入竞选广告，此外，个人空间、视频、社区、搜索引擎、电子邮件等网络形式轮番登场，最终为其赢得了美国 53%的选民。

竞选官网、社交平台、视频网站等均被奥巴马的竞选团队利用。他的竞选团队还与艺电（EA）及微软公司合作，在多个网络游戏里投放了竞选广告，直接面向传统广告模式很难触及的人，特别是 18 到 34 岁的男性。

这些广告通过艺电公司经营的在线游戏的对战服务投放，主要集中在赛车、橄榄球和篮球等体育类游戏中。当玩家用微软公司出品的 Xbox 游戏机在互联网上玩在线对战游戏时，广告就被插入游戏中。例如，在赛车游戏中，奥巴马的竞选广告就可能出现在路边广告牌上，玩家操纵赛车通过时可以清晰地看到。奥巴马是第一位在游戏中打广告的总统候选人。

游戏中的竞选广告让奥巴马轻松地接触到了其他传播模式难以触及的群体，并且给游戏者的印象非常深刻，传播也很迅速。在游戏中投放广告与在其他地方投放广告相比较，具有更多的优势。假设你在看电视里播放的《天龙八部》的时候，正当段誉使用六脉神剑回击鸠摩智时，突然中断，“三鹿奶粉”的广告出现了，可以想象当时你的心情，口中一顿大骂之后，非常不爽，肯定会调一个频道或者去做别的事情，不会继续在电视前傻等着。而在游戏中，你就不会。假如你在图 10－2 中所示的道路上，看到了立在路边的广告牌，你不会因为这个广告牌而退出这个游戏，因为或许你已经跟好友约好要一起比赛，或许你正在踌躇满志地准备拿个第一。这个广告对你来说就是有效的，有可能你还会停留 1 秒看看广告牌上奥巴马团队写的“改变”主题的宣传语。

图 10－2 赛车游戏的奥巴马竞选广告

在游戏中播放广告而不让人反感，还有一个更大的原因，就是广告提供的信息或者广告的作用方式并没有打断你正在游戏中产生的“心流”（“心流”见第二章）。心流产生时，同时会有高度的兴奋及充实感，人们处于这种情境时，往往不愿被打扰，即抗拒中断。你在玩游戏（赛车或者打篮球）时，整个人沉浸在游戏的兴奋中，而广告只是投放在旁边一个对于游戏本身来说无关紧要的位置上（如路边的广告牌上、篮球场边上的广告栏上）。这丝毫不会影响你操纵赛车、投篮、抢断、奔跑的动作，你的“心流”没有中断，游戏中带来的充实感仍然存在。因此，奥巴马在游戏中的广告投入性价比非常高：一是抵达了那群难以触及的年轻人，尤其是青年男性；二是游戏中的广告信息传播有效，可能还会吸引人进一步去关注这个广告的内容。

奥巴马的竞选团队在 2008 年的总统竞选时，在游戏广告中尝到甜头以后，在 2012 年连任竞选时，同样重视这一招。这次该团队投放的游戏更加精准，直接投向全美人气最高的运动项目——橄榄球相关的游戏《劲爆 NFL 橄榄球 13》（*Madden NFL 13*）。该游戏上市首周销量即达到 165 万美元，同时还有超过 140 万玩家登录体验了游戏的在线模式——可以想象这个广告产生的巨大传播效应。

随着在线游戏行业的不断发展，大型网游、网页游戏、社交游戏、手机游戏，一波一波发生着奇迹，诞生了数以万计的公司。游戏、电商、广告是数字时代唯一确定的 3 种成熟盈利模式。2011 年，一向不喜欢付费的中国网络用户居然在游戏上花费了 500 亿元人民币[①]。

有什么办法能将这种热情转化为用户参与广告主的营销行为？这就是游戏化营销。

延伸阅读

游戏化是指利用游戏思维和游戏机制去解决问题，增强与对象的互动。游戏机制（game mechanics）主要研究：

① 游戏过程中的进阶（progression）、反馈（feedback）、行为（behavioral）；

② 游戏人群的类型（personality types）：探险者（explorers）、成就者（achievers）、社交者（socializers）和竞技者（killers）

游戏化营销大致有两种思路：第一种，和某款或者数款游戏合作，利用游戏已有的庞大用户基数，植入营销信息，策划符合游戏世界观的品牌任务，同时将游戏道具作为奖励，刺激玩家的参与度；第二种，在自己的网络营销

① 朱人颉. 重新定义游戏化营销［EB/OL］.（2012－03－24）［2019－07－20］. http：//www. alibuybuy. com/posts/71704. html.

中学习游戏机制，将过程游戏化，甚至可以定制成 App 游戏或社交游戏，同样可以提高受众的参与度与分享率。

欧莱雅为招聘人才，开发了“探索－欧莱雅在线职业之旅”电子游戏，用游戏模拟了在欧莱雅的职场生活，感兴趣的应聘者可以注册并登录游戏，能够模拟部门中体验到的真实的职场生活，亲密接触各个职能部门的工作内容，并与上司和同事们打交道，快速感受到欧莱雅公司的文化和环境，还可以逐渐认识自我，发现自身潜力和兴趣所在。

作为文化产品，游戏本身衍生出许多有价值的资源：in game（游戏内植入），on game（跨游戏媒体），off game（线下活动，游戏公会），game match（电子竞技），ad game（定制游戏），cyber cafe（网吧通路），game media（游戏媒体，类似 17173，多玩 YY），game item（游戏道具、游戏形象），可以根据客户的不同需求，选择不同的游戏和资源组合，满足营销目的。例如，in game 适合曝光，game item 适合促销，off game 适合线下，等等。而游戏本身就是内容，游戏化营销符合 Web 2.0 时代内容为王的发展趋势[①]。

瑞典邮政开发了一款适用于 iPhone 平台的游戏，参赛者可以选择 40 个虚拟包裹中的一个，并将其运送到城市中的某个预定地点。在应用过程中会用到位置信息，并且提供参考路线，最先将包裹送达预定地点的人，将会得到主办方送出的包裹中的实体物品，价值 300～5 000 瑞典克朗不等。这是一个基于位置的智能游戏，它使用户参与到一场市场营销活动中，与此同时，还让用户对邮政服务的概念有了一个新的见解。

三、别无选择

2005 年，美军在阿富汗和伊拉克陷入了长期的战争。根据五角大楼公布

① 朱人颉. 重新定义游戏化营销［EB/OL］（2012－03－24）［2019－07－20］. http：//www. alibuybuy. com/posts/71704. html.

的统计数字，到2005年年初已经有1 571名美军士兵在伊拉克和阿富汗的战争中阵亡，其中1 154人死于战斗。

与战场上不断伤亡的士兵数字相比，让五角大楼更觉得难过的是征兵困难。美军国民警卫队陆军在 2004 年就没有完成征兵任务。这支美军部队到2004年9月30日为止应当拥有35万人，但实际上却少了8 000人。这也是国民警卫队10年以来首次未完成征兵计划。而在此后的10月和11月，情况进一步恶化，国民警卫队在这两个月的实际征兵人数比预期目标少了30%。陆军预备役部队也少了10%。五角大楼计划提高士兵购买人身保险补贴的最高额度，不论是战死还是意外死亡，都将从25万美元增加到40万美元，还向美国国会提议，将给予每名阵亡士兵配偶或家人的抚恤金和人身保险赔偿金额增加到25万美元[①]。

毫无疑问，对军营生活的不确定性的顾虑是适龄青年人入伍的巨大障碍。他们对军营生活的不了解，造成对军队生涯会有各种担忧。美国军方为了向人们介绍有关美国陆军士兵的一切，包括从事这种职业的机会及价值，研发了一款网络游戏《美国陆军》，自2002年7月4日游戏发行最初版本以来，已有470万人成为游戏玩家。普通一天，几乎有3万多人同时在《美国陆军》游戏的官方服务器上注册，还有上千人在非官方网站上“过瘾”。除了具有紧张刺激的情节外，游戏每隔几个月就会出现更新版本，再加上服务器不断增加，游戏性能越来越稳定，使《美国陆军》很快成为战斗游戏中相当“火爆”的一款。

《美国陆军》情节紧张刺激，每个回合都控制在10分钟内，一切就像现实生活中一样，玩家可以身临其境地感受陆军的作战行动和协作精神。如果玩家渴望享受到这部游戏所提供的全部乐趣，那么在游戏中处理事情就必须按照军队的规矩来。

这款五角大楼每年投资600万美元开发的游戏，比起美军每年花在各种途径的几亿美元广告费来说，向年轻人传达了更多、更有效的美军信息。如今，美军把这款游戏作为军事训练模拟教材来教育和招募新兵。美国几乎各地的部队都备有《美国陆军》这款游戏的光盘版本，并在陆军新兵招募办公

---

① 郭爽. 美军出现征兵难，军方靠网络游戏招兵[EB/OL](2005－02－25)[2018－12－30]. http://mil.news.sina.com.cn/2005－02－25/1730268817.html.

室中出售。那些新入伍的士兵还可以参加一项冠名为“美国陆军”的网络游戏大赛。该游戏已在美国大行其道，今天已更新到第 3 版，越来越多的年轻玩家对军事产生了兴趣，最后报名入伍。

毫无疑问，《美国陆军》这款游戏被用来宣传军队知识，与年轻人进行了最直接的对话，成为美国军方招募新兵的有效宣讲手段，甚至还被用于军事训练当中。据《三联生活周刊》的报道[①]，美国的各个军种现在都雇用游戏公司编写实战模拟训练软件，有些游戏经过进一步的简化后，以娱乐游戏软件的形式出现在市场上。

美国海军陆战队使用的游戏便是后来市场上的《全光谱战士》。该游戏所训练的便是“街头战”的战术策略。它虽然看起来像一款射击游戏，但其实在游戏中玩家并不需要积极地使用武器瞄准或开火。游戏的操纵模式异常简单和抽象，主要训练的是小组之间的战术配合：怎样利用掩体和烟雾、怎样准确地投掷手榴弹、怎样布阵去有效压制敌方火力、怎样消灭躲在掩体后面的敌人等。对实战中的种种细节，这款游戏软件都有完善的考虑，最突出的是它模拟了战场上命令不能实时执行的时间差。从队长下达移动或开火的命令，到队员实际执行命令，之间会有一个明显的延迟。这对战术布置的影响非常大。在一些无法预见的情况下，例如意外和敌人相遇，这种命令的延迟执行就格外紧张，也特别逼真。游戏软件对战斗环境的再现也很出色，玩家能够利用各种障碍物做掩护。但是在激烈的枪战过程中，子弹会将墙壁打得破烂不堪，大口径的武器（大炮、火箭炮等）更能令掩体整个倒塌。这就要玩家随时考虑、调整、选择更完善的隐蔽路线。

军事训练游戏的商业化，让年龄更小的青年能够接触到，更早地对军队战术有感性认识，产生兴趣，也同样促进了征兵工作。

澳大利亚皇家海军于 2006 年 9 月推出了电玩游戏《极端战场》。该游戏推出一年后，已经帮助澳海军吸引到上千名新兵。由于《极端战场》的成功，澳大利亚国防部计划推出另一款电玩游戏，希望能吸引对飞行有兴趣的玩家参加空军。

2010 年，美国军方推出了一款驾驶类网络游戏《为力量而战》（*Race for*

---

① 王米. 军队和游戏［J］. 三联生活周刊，2005（20）.

Strength），玩这款网络游戏需要使用到打印机和摄像头，用户需要先使用打印机打印出一个“方向盘”，然后打开摄像头，进入游戏后则可以举着这个方向盘对着摄像头来达到操控游戏中车辆的目的。玩家在这款游戏中需要驾驶普通赛车、防地雷伏击车及斯瑞克装甲车等军车一较高下。据美军方透露，推出这款游戏的真正目的是招募驾驶技术过硬的新兵。

俨然，游戏成为很多国家军队宣传军队常识、吸引年轻人参军、找到适合技能的士兵的有效手段。除此之外，军队中的日常训练也被游戏所“侵略”。

俄罗斯一家游戏公司推出一款新游戏，故事以发生的俄罗斯和格鲁吉亚冲突为背景，包括俄罗斯、波兰、格鲁吉亚等国的军队都粉墨登场。玩家可在短时间内完成“判断敌情”“部署兵力”“构筑工事”“发起反击”等指令，俨然一位统领千军万马的将军。这套游戏地图还依据俄军的训练课题分别设置地形条件、战术背景，模拟暴风雨、沙尘暴等恶劣天气，效果极其逼真。

美国海军研究署的一项研究报告指出，使用游戏训练士兵将起到比常规训练方法更好的效果①。

模拟训练类的游戏越来越吸引军方，原因还有以下几个方面。

① 今天的军人训练要求更高。战争越来越复杂，任务难度高，新武器种类多，无人驾驶的机器人被广泛使用，各个方面对军人的训练要求都更高。

② 真实的实战训练成本非常高。随着人口的增长，实战训练基地被周围的居住区包围，面积也开始缩小。

③ 游戏设计与开发技术的提高。游戏设计人员水平的提高，以及硬件价格的跌落，模拟软件可以更便宜、更逼真地体现混乱的战斗环境。可在近似实战的虚拟战场环境中学习掌握各种战术运用原则、方法和要求。

一个小小的游戏，对军队的主要环节都已经渗透了，从招新兵，选人才到训练各种能力，都能够搞定，激发了青年人参军的热情，鼓舞了士兵学习和训练的士气，培养出了综合素质优秀的士兵。

---

① 佚名. 与军车竞速：美军方推出赛车网游《Race for Strength》招兵［EB/OL］（2010－12－10）［2018－12－30］. http：//www. cnbeta. com/articles/104217. htm.

延伸阅读

美军从“红色风暴娱乐”“互动魔力”“时间线”等著名电脑游戏公司聘请了大批业内专家和高手，专为陆军和政府有关部门开发用于人员培训的电脑游戏，并应用于军事训练。

在美伊战争期间，Games 2 Train 游戏公司为美国陆军提供的“稳定作战”游戏就有多种情景直接以驻伊美军的环境和任务为基础。

四、员工也喜欢

用游戏开展军事选拔和训练，让想参军的年轻人别无选择。

2014 年《地平线报告》援引埃森哲的报告称，游戏的影响不可避免地会产生 Y 一代人（generation Y，1983—1995 年生人）。人口统计显示，这代人将热衷于网络和社交游戏，随着年龄的增长，这代人也将会进入劳动力市场。他们在学校渴望得到与游戏一样的沉浸式交互的体验，在企业培训中，也是如此。实际上，一些年龄大的员工也渴望培训能够像游戏一样好玩。

在任何企业中，培训都是核心任务。安排新手们直接上岗会导致公司在很多地方付出代价，甚至发生代价高昂的生产事故。在某些领域，如医疗领域，这些错误会被打上另一种不同的标签——攸关生死。

自 21 世纪初就有研究表明，在医疗领域，玩培训游戏时间的增加与员工的表现提升是紧密联系在一起的。例如，纽约贝斯以色列医院的詹姆斯·罗瑟博士通过研究，比较了腹腔镜外科医生花在培训游戏上的时间及他们的表现。他发现，在被叫作《壮志凌云》(*Top Gun*)的一款腹腔镜技能测试游戏当中，玩游戏时间最多的医生中有三分之一的人比其他外科医生的错误率低 47%，速度却快了 31%。

为了使医院的管理更加高效，通用电气公司在 2010 年发布了一款名为《病人也疯狂》(*Patient Shuffle*)的游戏。这款游戏的理念建立在一个简单的假设之上：包括护士和医生在内的医护人员，并没有发自内心地从效率的角度来理解运作急诊室和接待处理病患所带来的挑战。就像在现实中一样，在游戏里，人们必须考虑在 24 小时不间断的超负荷工作中，如何合理地响应病人的紧急情况。

《病人也疯狂》再现了病人从入院到离开的整个过程，让医护人员体验了服务病人的复杂性。玩这个游戏，不仅使医护人员学习了解自己所负责的环节，同时也让他们以医院负责人的视角来审视全局。这有助于他们深刻理解每天打交道的同事们的工作。游戏的核心是要求玩家在病人就诊的全过程中，逐一提供正确的医护服务。随着游戏的进行，玩家面对的情况越来越复杂，一开始只是安排一个病人去照射 X 光、让医生诊断或办理出院，但很快就会有大批病人涌入，积压在各个科室，排队做核磁共振，提出越来越多的检查要求[①]。

传统的员工培训是独立于工作之外的孤立部分，而游戏提供了一种全新的模式：把训练当成持续的娱乐。

将游戏用于企业培训中，并不是一个新的话题，尤其是电子游戏诞生以来，游戏对培训的影响更大，有很多在培训领域中能够利用的电子游戏。

然而，如果游戏的设计与培训内容缺乏精妙的联系，单纯、盲目地加入游戏，这样的培训体验带来的只会是一无所获。另外，只有请正确的人来传授学习内容，才能产生最好的学习效果。

邓鹏博士在深入研究了游戏成瘾机理以后，利用系统分析的方法，对现有游戏理论和研究进行分析和综合，提出了 RSTR 游戏框架模型，结合心流

---

① 兹彻曼，林德. 游戏化革命，未来商业模式的驱动力［M］. 应皓，译. 北京：中国人民大学出版社，2014.

理论的研究成果，建构了一个能对游戏的内在吸引力进行合理诠释的心流体验支持系统模型——SS－DA，构建了游戏化的项目策划及脚本开发的设计架构——SS－DA/RSTR①，形成了一套面向实际应用，具有较强操作性的培训游戏化的开发和评价工具。

SS－DA/RSTR 架构有 8 个组成要素，它们是：压力（stress）、悬念（suspense）、决策（decision making）和成就（achievement），以及角色（role）、情境（situation）、任务（task）和规则（rule）。

① 压力：由游戏系统的问题空间产生的信息所造成的游戏者心理上的压抑、刺激和紧张等感觉。

② 悬念：由游戏系统的问题空间所产生的信息所造成的游戏者心理上的疑惑、好奇和关切等感觉。

③ 决策：由游戏系统的执行空间所提供的人机（际）交互方式，目的是使游戏者在心理上获得掌控、决断和做主等感觉。

④ 成就：由游戏系统的评价空间所提供的游戏者绩效表现方式，目的是使游戏者在心理上获得成功、满足和自豪等感觉。

⑤ 角色：由游戏者或计算机人工智能控制的执行游戏任务的最小独立行动单位。

⑥ 情境：游戏发生的时空氛围及游戏者在完成任务时刻利用资源的总和。

⑦ 任务：游戏者为完成自己“活着”游戏预设的目标而经历的一系列操练、探索和问题解决的过程。

⑧ 规则：规定游戏进行的方式和评价的标准。规则在游戏中是一种隐性的机制，并不作为一种可视化的元素出现。

以上 8 个元素的运作机制表述为：

① 游戏的“问题空间”向游戏者提供或施加某种形式的“压力（S）”和“悬念（S）”；

---

① 邓鹏. 游戏成瘾机理及其在娱教设计中的应用［D］. 上海：华东师范大学，2007.

② 游戏者通过“执行空间”进行一系列的“决策（D）”，应对“压力（S）”和“悬念（S）”；

③ 游戏系统的“评价空间”对这些“决策（D）”进行判断与评估，给出游戏者所取得的“绩效（A）”和新的“压力（S）”和“悬念（S）”。

在这个运行机制的指导下，邓鹏博士与华为技术有限公司合作，开发了一门培训课程，面向那些消耗资源多的高端用户来使用。通过调查和访谈发现，与传统课程相比，基于 SS－DA/RSTR 设计方法开发的课程初步展示了压力、悬念、决策和成就等要素的有机互动在娱乐教育设计中的魅力，对学员的确具有较为明显的吸引力，能调动学员的主观能动性，使之乐于积极地思考和动手，在这一过程之中体验学习的乐趣。

不管是医生玩的医疗游戏，律师热衷的律政游戏，还是吸引厨师的烹饪游戏，都具有简单易懂、有吸引力、移动化的特点，而且对玩多长时间没有限制。企业和各种组织如果能够充分顺应这种潮流，当员工投入训练的时间相当于或超过实际工作的时间时，就能看到互动参与和工作成果的显著提升[①]。

五、无处不在的游戏化

世界上最深的垃圾桶坐落在瑞典的一家公园里。它看起来和其他垃圾桶没有什么区别：1.2 m 高，蓝色。但是，当公园的游客向里面扔垃圾时，他们会听到一种很奇特的声音：仿佛有一个物体从很高的悬崖呼啸着坠落好几秒，最后“砰”的一声落地。公园的摄像头记录下了游客们的反应。一开始，当听到垃圾长长的坠落声时，他们的脸上写满了惊愕与疑惑，随着“砰”的一声垃圾落地，惊愕与疑惑变为惊喜的微笑。后来的视频显示，很多游客为了感受这种乐趣，竟然会四处找垃圾丢进去。

---

① 兹彻曼，林德. 游戏化革命，未来商业模式的驱动力［M］. 应皓，译. 北京：中国人民大学出版社，2014.

这并不是在垃圾桶底挖了深洞，事实上，这是一群工程师创建的简单系统。他们将运动检测器和扬声器安装在普通的垃圾桶的盖子上，这套装置能将 1 m 高的垃圾桶模拟成数百米的深度。这个实验回答了这个问题：人们会因为好玩而更多地使用这个垃圾桶吗？答案当然是肯定的。公园的清洁员发现，这个垃圾桶的垃圾量几乎是其他垃圾桶的 2 倍。

这个垃圾桶是大众公司开发的一个称为“乐趣理论”（the fun theory）项目的产品，其目的是在日常生活中创造不经意的乐趣，从而改变人们的行为习惯。

超市收银是一项很无聊的工作，可零售商塔吉特通过一种创新游戏，把这项原本单调乏味的工作变得趣味盎然、惊险刺激。游戏采用的方法很简单，就是让收银员每结完一单都能从电脑屏幕上看到自己的结账时间在所有收银员中的排名，排名第一者有奖。收银员的工作积极性由此提高，结账时间也大大缩短[①]。

支付宝推出的“蚂蚁森林”，将种树的行为搬到网络上，你来给我浇浇水，我去帮你收点儿能量，既反映了植物生长的条件，又将真实社会中的朋友关系在网上的“游戏”交互过程中得以维系，每周再来一个双方互相收取日照能量的对比榜，让人不亦乐乎。更重要的是，支付宝将每一位玩家获得的能量转化成真实世界中的“树木”，只要达到一定量，就可以选择在沙漠中种下一棵树（实际上是支付宝去种），建立了虚拟世界和现实世界的连接，玩家在虚拟世界获得的奖励转化成了现实的生产力。怪不得有人说，马云通过“蚂蚁森林”，让全世界的人都为他做公益。

喜爱运动的你一定对 Nike+不会陌生。作为 Nike+系列中最出彩的一款手机应用，NikeFuel 旨在激励用户使用耐克研发的运动测量技术，并将他们每日运动的结果分享到社交网络上。用户之间会彼此比较，相互激励，从而在这个游戏化的平台上，营造并不断扩大社群圈子；每当用户完成一定的运动指标，NikeFuel 就会以奖杯或勋章的形式给予奖励。NikeFuel 成功的关键

---

① 贝拉斯. 游戏化的力量 [EB/OL]（2014－03－25）[2019－06－20]. http：//www.ceconline.com/hr/ma/8800070002/01/.

是有效地转化与运用了游戏中的竞争理念，通过目标、数据、奖励等元素的视觉化，激励用户不断参与到运动中来。NikeFuel 的反馈如图 10－3 所示。

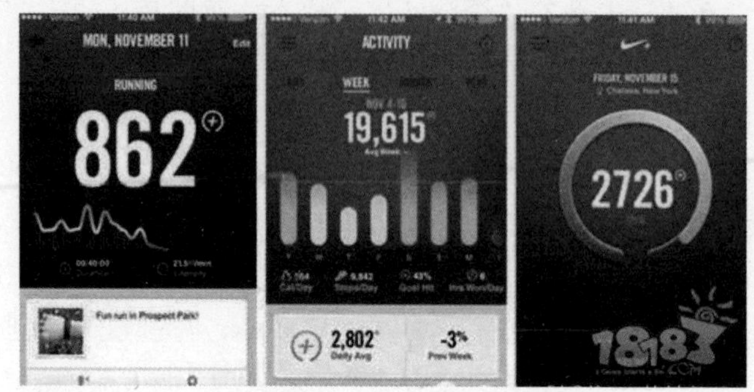

图 10－3　NikeFuel 的反馈[①]

类似的设计还有腾讯的“微信运动”，它通过朋友圈的力量，让“走路”晒步数成为一种时尚。

将游戏或游戏元素、游戏设计、游戏理念应用到一些非游戏情境中，已经在商业领域非常普遍。游戏化已经成为消费者体验的一个组成部分。一些公司经常以传单形式的项目和其他积累奖励制度来激励他们十几年来忠实的客户。

现今，Foursquare，一个拥有超过 4 500 万用户的移动应用程序，已经将游戏化带入社交媒体领域，以积分、头衔甚至实物形式对用户进行奖励，比如在用户登录访问网站并书写评语时赠予优惠券，或以打折形式奖励用户。

游戏化已成为推动商业变革的重要力量[②]，也可以将现实变得更美好，它能够提升人的幸福感，构建更美好的现实社会，让人们能够更加满意地工作，获得更有把握的成功，建立更强的社会关系，理解更宏大的意义[③]，让我们迎接并拥抱游戏化时代的到来吧！

---

① 图片来源：http：//chanye. 18183. com/201504/307410. html.

② 韦巴赫，亨特. 游戏化思维：改变未来商业的新力量［M］. 周逵，王晓丹，译. 杭州：浙江人民出版社，2014.

③ 麦戈尼格尔. 游戏改变世界：游戏化如何让现实变得更美好［M］. 闾佳，译. 杭州：浙江人民出版社，2013.

后　记

2005 年，本科二年级的我进入陶宏开教授的办公室担任助理工作，开始接触游戏成瘾的问题，当时做得最多的一件事情，就是接听来自全国各地的家长咨询电话，听他们讲述着自己孩子由于网络成瘾（主要是游戏成瘾）给家庭带来的苦难，不少家长抑制不住号啕大哭，硬要带着孩子到华中师范大学来找陶教授，请陶教授给孩子治“瘾”。那时的我只是接听电话，引导他们对自己与孩子的交流和教养方式进行一些反思，除此之外爱莫能助。我觉得游戏“瘾”必须得治，但不能立竿见影。

本科毕业后，我进入北京大学教育学院读研究生，加入了我国不多的教育游戏研究专家尚俊杰博士的团队，有幸成为他的硕士研究生。当时，在选方向的时候，我有过犹豫，本科期间听到了那么多游戏成“瘾”给家庭带来的灾难，研究生期间还要去研究游戏化学习？与尚教授交流以后，他讲了他开始从事此领域研究的迟疑，分享了他对这个方向的认识，我更加认识到，游戏宜疏不宜堵，既然青少年这么爱游戏，那为何我不去好好研究研究，引导他们用游戏来学习，而不仅仅限于成瘾呢？于是毅然决定进入这个领域。

加入尚教授的团队，不仅意味着进入了一个研究领域，更是获得了一生中最宝贵的财富。尚教授为人和蔼，关爱学生，富有创见。他对我关怀备至，不管是在读还是工作期间，无论是学业还是生活，都对我帮助很大，令我感动。在他的指导下，我做了第一次游戏化学习的实验研究，在研究过程中看到老师和学生深度地参与，得到了学校领导的高度评价，我深深地感受到，游戏化学习的确是一个方向，随着技术的发展和人们对游戏认识的不断深入，游戏终将迎来在正规教育和非正规教育中扬眉吐气的一天。

短暂的学生生涯很快就结束，但与尚教授领衔的北京大学教育游戏研究团队的关系却已永恒。在工作之余，我经常参加团队的研究课题和项目，与研究成员一起讨论一些热点问题和发展趋势。可以说，这本书的诞生，既是对我个人最近几年研究成果的一个梳理，又是整个教育游戏研究团队的成果体现。游戏与领导力、创造力等方面的研究就是由师妹孙也程和师弟肖海明在尚教授的指导下完成的，师妹裴蕾丝目前正在进行学习科学与游戏方面的研究，一起做联合国儿基会“游戏进课堂”项目的董安美、聂欢、周萌宣、孙文文、曲茜美等小伙伴们，他们的研究成果为此书提供了丰富的材料，提供了很多灵感，在此一并表示感谢！

加入尚教授的团队，还有幸认识并跟随香港中文大学李芳乐教授、李浩文教授和庄绍勇教授开展研究。李芳乐教授和李浩文教授是尚教授的导师，自然是我的“师爷爷”，他们学识渊博，思维严谨缜密，为我树立了研究的榜样。庄教授是青年才俊，卓越不凡，在香港开展了多个游戏化学习方面的研究，还邀请我去香港中文大学访学，让我有机会近距离接触了香港的学校教育，并再一次开展了游戏化学习相关的实验研究。他认真的学术态度、一丝不苟的工作作风让我这个“学生”受益终生。

此书的完成还离不开单位领导和同事的关心。王珠珠馆长从我学生时代起就给予我很多指导，时常教我开展研究和工作的方法。陈庆贵主任、黄天元主任和同事们支持我继续从事游戏化学习方面的研究，并教我如何将工作做得深入和全面，是他们给了我继续研究的条件，激励我不断努力。

蒋　宇

2019 年 9 月 9 日